托育-保育类专业教材："岗课赛证融通"系列

U0659661

京师学前
JingShi Early Childhood Education

托幼园所环境创设

TUO YOU YUAN SUO
HUAN JING CHUANG SHE

主　编：张克顺　周庆红
副主编：王临娜　王延冉
　　　　黄　晶　邢梦娜

北京师范大学出版集团
BEIJING NORMAL UNIVERSITY PUBLISHING GROUP
北京师范大学出版社

图书在版编目（CIP）数据

托幼园所环境创设／张克顺，周庆红主编．—北京：北京师范大学出版社，2024.9
ISBN 978-7-303-29504-3

Ⅰ．①托…　Ⅱ．①张…　②周…　Ⅲ．①幼儿园－环境设计－中等专业学校－教材　Ⅳ．①G617

中国国家版本馆 CIP 数据核字（2023）第 200257 号

营销中心电话　010-58802755　58800035
编 辑 部 电 话　010-58802883
教材意见反馈　gaozhifk@bnupg.com　010-58805079

TUOYOU YUANSUO HUANJING CHUANGSHE
出版发行：北京师范大学出版社 www.bnupg.com
　　　　　北京市西城区新街口外大街 12-3 号
　　　　　邮政编码：100088
印　　　刷：天津旭非印刷有限公司
经　　　销：全国新华书店
开　　　本：889 mm×1194 mm　1/16
印　　　张：12.75
字　　　数：242 千字
版　　　次：2024 年 9 月第 1 版
印　　　次：2024 年 9 月第 1 次印刷
定　　　价：38.80 元

策划编辑：姚贵平　　　　　　责任编辑：杨磊磊
装帧设计：焦　丽　　　　　　美术编辑：焦　丽
责任校对：陈　荟　　　　　　责任印制：陈　涛

　　党的二十大报告指出，深入贯彻以人民为中心的发展思想，在幼有所育、学有所教……上持续用力。近年来，随着我国人口政策及相关配套支持措施的逐步实施，新生人口发展呈现新趋势，人们对0~3岁婴幼儿早期教育及3~6岁幼儿保育教育的高质量需求与期待也日益增强。创设优质的、适宜的托幼园所环境，也是保障和促进婴幼儿健康成长、提升婴幼儿照护服务质量的重要基础。

　　本教材以托幼园所环境创设的典型项目工作过程为主线，以托幼园所环境创设理论、评价和具体环境创设为对象，设置了托幼园所环境创设概述、托幼园所公共环境创设、托幼园所活动室环境创设、托幼园所合作共育环境创设、托幼园所环境创设评价5个模块。采用模块化设计思路，分解每个任务的学习内容，明确所需学习资源和技能培养方向，让学生在模块学习中不断掌握明确的知识点，提升对应的职业技能。

　　每个模块都由学习目标、学习导航、学习初体验、学习任务单、情境描述、学习驿站、实践与运用、学习效果检测、学习评价与反思构成。学生在完成任务的过程中专业技能得以发展，做到了理论联系实际。

　　本教材具有思想性、系统性、实用性、本土性、鲜活性的特点。

　　思想性：坚持落实立德树人根本任务，在学习任务中巧妙融入课程思政目标，并单独设有"点亮心灯"窗口，着力进行师德师风建设，培养工匠精神。

　　系统性：与托育机构、幼儿园合作，将企业真实工作任务融入教材，采用"理念—设计—实施—评价"递进式结构布局。

　　实用性：不仅图文并茂，形象生动，而且提供翔实具体的操作流程，切实提升学生的实践技能。

　　本土性：充分发挥文化育人功能，注重展示不同地域优秀文化元素及托幼园所环境创设实例，具有较强的本土化文化传承与应用的参考和借鉴价值。

　　鲜活性：为满足学生自主学习需求，教材附有与内容有机融合的微课等数字资源及学习效果检测板块。

学习本教材之前，学生应有一定的幼儿心理学、幼儿卫生学、幼儿美学等专业理论基础及绘画与手工基本技能实践基础，了解托幼园所婴幼儿日常生活照护及幼儿保育教育活动。

本教材编写团队由职业院校幼儿保育、婴幼儿托育等专业资深教师及幼儿园园长及一线骨干教师构成。聊城幼儿师范学校张克顺负责编写团队组建、大纲拟定、整体协调和统稿工作，宁夏幼儿师范高等专科学校黄晶负责编写模块一托幼园所环境创设概述，聊城幼儿师范学校郭帅、王临娜和山东省临清市尚店镇中心幼儿园张自庆负责编写模块二托幼园所公共环境创设，西昌民族幼儿师范高等专科学校周庆红、凉山彝族自治州州级机关第一幼儿园邢梦娜负责编写模块三托幼园所活动室环境创设，聊城幼儿师范学校杨延虎负责编写模块四托幼园所合作共育环境创设，聊城幼儿师范学校王延冉负责编写模块五托幼园所环境创设评价。周庆红、郭帅参与统稿工作。

本教材在编写过程中，得到北京师范大学出版社职业教育分社姚贵平社长、聊城幼儿师范学校林敬华校长、北京商业学校刘相俊主任等各级领导、专家的关心与大力支持；参阅了大量国内外婴幼儿教育环境创设的相关文献；诸多同事、幼儿园园长、托育机构负责人和相关教师，以及幼儿保育、婴幼儿托育专业学生也给予了积极帮助；在此一并致谢！

鉴于编写人员水平所限，书中难免存在疏漏之处，敬请广大读者批评指正。

编　者

思维导图

托幼园所环境创设

模块一　托幼园所环境创设概述

- 单元一　初识托幼园所环境创设
  - 一、托幼园所环境的含义
  - 二、托幼园所环境的分类
  - 三、托幼园所环境的特点
- 单元二　托幼园所环境的作用
  - 一、托幼园所环境对婴幼儿发展的作用
  - 二、托幼园所环境创设的目标
- 单元三　托幼园所环境创设的标准和原则
  - 一、托幼园所环境创设的依据和标准
  - 二、托幼园所环境创设的原则和途径
- 单元四　托幼园所环境创设的理论基础
  - 一、托幼园所环境创设的教育学和心理学基础
  - 二、托幼园所环境创设的生态学和美学基础

模块二　托幼园所公共环境创设

- 单元一　托幼园所公共环境创设与婴幼儿身心健康
  - 一、托幼园所精神环境与婴幼儿心理健康
  - 二、托幼园所物质环境与婴幼儿身心健康
- 单元二　托幼园所户外公共环境与室内公共环境创设
  - 一、托幼园所户外公共环境创设
  - 二、托幼园所室内公共环境创设

模块三　托幼园所活动室环境创设

- 单元一　托幼园所功能室环境创设
  - 一、托幼园所功能室环境创设概述
  - 二、托幼园所功能室环境规划
  - 三、不同功能室的环境创设
- 单元二　托幼园所活动区环境创设
  - 一、托幼园所常规活动区环境创设概述
  - 二、托幼园所生活环境规划
  - 三、托幼园所常规活动区环境创设

模块四　托幼园所合作共育环境创设

- 单元一　托幼园所与家庭、社区合作共育环境创设
  - 一、家庭与托幼园所合作共育环境创设
  - 二、社区与托幼园所合作共育环境创设
- 单元二　家庭、社区环境资源的开发与利用
  - 一、家庭环境资源的开发与利用
  - 二、社区环境资源的开发与利用
- 单元三　托幼园所特色环境资源应用
  - 一、特色环境资源在托幼园所的应用
  - 二、特色环境资源与婴幼儿发展

模块五　托幼园所环境创设评价

- 单元一　托幼园所环境创设评价概述
  - 一、托幼园所环境创设评价的含义
  - 二、托幼园所环境创设评价的特点
  - 三、托幼园所环境创设评价的方式
  - 四、托幼园所环境创设评价的作用
- 单元二　托幼园所环境创设评价的要素
  - 一、托幼园所环境创设评价的目的
  - 二、托幼园所环境创设评价的内容
  - 三、托幼园所环境创设评价的主体
  - 四、托幼园所环境创设评价的编制
- 单元三　托幼园所环境创设评价的原则与过程
  - 一、托幼园所环境创设评价的原则
  - 二、托幼园所环境创设评价的过程

目 录

CONTENTS

学习目标

1. 知道什么是托幼园所环境，了解托幼园所环境的分类及特点。

2. 理解托幼园所环境对婴幼儿发展的作用，明确环境创设的目标。

3. 掌握并理解托幼园所环境创设的标准与原则。

4. 了解托幼园所环境创设的教育学、心理学、生态学和美学基础。

学习导航

托幼园所环境创设概述

初识托幼园所环境创设	托幼园所环境的作用	托幼园所环境创设的标准和原则	托幼园所环境创设的理论基础
托幼园所环境的含义 / 托幼园所环境的分类 / 托幼园所环境的特点	托幼园所环境对婴幼儿发展的作用 / 托幼园所环境创设的目标	托幼园所环境创设的依据和标准 / 托幼园所环境创设的原则和途径	托幼园所环境创设的教育学和心理学基础 / 托幼园所环境创设的生态学和美学基础

回顾婴幼儿身心发展的规律，你认为什么样的托幼园所环境适合婴幼儿全面、健康地发展？

互动交流：

_____

_____

_____

良好的环境对人的发展至关重要，婴幼儿的发展尤其受到环境的影响。我国"孟母三迁"的故事、美国心理学家马克·罗森茨威格的"老鼠实验"等都体现出环境育人的作用。那么，承担婴幼儿照护服务、保育与教育的托幼园所，应该从何处入手，探究环境创设对婴幼儿发展的作用，以及按照什么样的标准和原则创设适宜婴幼儿发展的环境？针对以上问题，有必要了解托幼园所环境的含义、分类和特点。

单元一
初识托幼园所环境创设

学习任务单

姓名 _____　　　班级 _____　　　学习时间 _____

序号	学习任务	学习建议	完成效果		
			自我评价	同伴评价	教师评价
1	了解什么是托幼园所环境	资料拓展：《中国共产党百年托幼服务供给研究：变迁历程、演进逻辑与未来展望》 故事理解："孟母三迁"			
2	理解并掌握托幼园所环境的分类	文件学习：《托育机构设置标准（试行）》			
3	理解托幼园所环境的特点	分析"情境描述"中教师对新环境的创设主要违背了托幼园所环境创设的什么要求			
学习反思					

情境描述

　　某托育机构的管理者近期外出学习，观摩了几所优秀的托育机构，并拍摄了大量的关于环境的照片。回到托育机构，该管理者立刻与教师分享照片，并要求教师将观摩所学的"新环境、新材料"进行"复制"。新环境创设成功，托育机构又多了一道亮丽的风景线。但经过两次活动观察，教师发现幼儿对"新环境、新材料"的兴趣并不高。

　　《托育机构设置标准（试行）》指出："托育机构应当配备符合婴幼儿月龄特点的家具、用具、玩具、图书和游戏材料等，并符合国家相关安全质量标准和环保标准。"这就要求托育机构的管理者及教师首先要明确环境创设的内容、方法及环境育人的策略等问题。该托育机构的管理者在环境创设中缺乏对环境内容的全面认识，盲目重视物质环境的创设，并忽视了"为谁创设环境"这一重要问题。

　　请思考：

　　1. 托幼园所环境包括哪些内容？如何分类？

　　2. 托幼园所环境应具备哪些特点？

学习驿站

一、托幼园所环境的含义

（一）托幼园所

1.托幼园所的定位

20世纪以来，我国的托幼服务供给变迁内嵌于社会变革与经济转型之中，在不同社会发展时期托幼园所的定位是不同的。

中华人民共和国成立之初，伴随国家工业化和城市化的快速发展，以解决城市职工年幼子女看护养育问题为目的的托幼园所出现，主要包括针对0～3岁婴幼儿的托儿所和针对3～6岁幼儿的幼儿园，由各大国有企事业单位开办运营。

1950年，在中华全国民主妇女联合会一届三次执委扩大会议中，儿童照料、抚育问题被视为公共问题得到重点关注。随后国家出台一系列政策文件，在城市和农村规范化建设和发展托儿所、幼儿园，城乡托幼服务的供给方式体现出福利性特点，托儿所和幼儿园共同发展。

1978年改革开放之后至21世纪初期，由于计划生育、国有企业改制、社会经济发展状况等原因，托育服务和学前教育供给分化，并呈现"双轨落差式"发展。[1] 国家侧重学前教育发展，借助社会力量兴办幼儿园，强调对3岁以上学龄前儿童进行早期教育的重要性和必要性。此时期托儿所逐渐萎缩，对托幼园所的定位主要指向服务3岁以上学龄前儿童的公办、民办幼儿园。

2016年全面二孩政策实施，0～3岁婴幼儿托育服务备受关注，托育机构数量回升并表现出良好发展的势头。2016—2017年，国家卫计委陆续公开了7份有关托育服务建议的回复，"幼有所育"这一基础性的民生问题再次受到党和国家的重视。2019年5月发布的《国务院办公厅关于促进3岁以下婴幼儿照护服务发展的指导意见》提出，将0～3岁婴幼儿的照护服务纳入经济社会发展规划，尽管文件中依然强调"家庭为主，托育补充"这一原则，但也鼓励规范发展多种形式的婴幼儿照护服务机构。[2] 这一文件的发布，标志着托育机构的发展迎来一次新的高潮。

---

[1] 李放，马洪旭.中国共产党百年托幼服务供给研究：变迁历程、演进逻辑与未来展望［J］.社会保障研究，2021（5）.

[2] 李雨霏，马文舒，王玲艳.1949年以来中国0—3岁托育机构发展变迁论析［J］.教育发展研究，2019（24）.

随着第七次全国人口普查数据的公布，2021年7月20日，《中共中央 国务院关于优化生育政策促进人口长期均衡发展的决定》颁布，提出实施三孩生育政策及配套支持措施。国家相继出台了一系列与0～3岁婴幼儿早期教育及照护服务相关的政策文件来支持与促进"三孩政策"的实施与落地。党和国家坚持以"人民为中心"的根本立场，持续推动托育服务向前发展，更加强调托幼园所要发挥对婴幼儿生命全周期服务管理的重要价值，贯彻以保育为主、教养结合的原则，注重婴幼儿发展的整体性，促进婴幼儿身心健康发展。

从当下社会发展及家庭对0～6岁婴幼儿照护与教育的需求看，托幼园所涵盖了对0～3岁婴幼儿进行托育服务的托育机构和对3～6岁学前儿童进行保育教育的幼儿园。由于婴幼儿个体发展呈现连续性和渐进性的特点，因此0～3岁的托育服务和3～6岁的保育教育应被视作一个完整的教育体系。目前，我国对0～3岁婴幼儿托育服务的相关研究还处于起步阶段，对托育机构的举办形式处于探索阶段，所提倡的"托育一体化"主要体现为幼儿园作为托育主体的一部分，开设托班，面向2岁以上幼儿开展托育服务工作。本教材中的托幼园所，主要指对0～6岁婴幼儿进行托育服务和保育教育的托育机构及幼儿园。

2. 托育机构与幼儿园的区别

托育机构是指由社会组织、企事业单位或个人举办的，贯彻以保育为主、教养结合的原则，为0～3岁婴幼儿提供全日托、半日托等科学、规范的照护服务，促进婴幼儿健康成长的机构。幼儿园是对3周岁以上学龄前儿童实施保育和教育的机构。托育机构和幼儿园在服务对象、服务形式、服务内容、班级设置、主管部门方面均有所不同。

🔗 相关链接 ▶▶▶▶

机构	托育机构	幼儿园
服务对象	0～3岁婴幼儿	3～6岁幼儿
服务形式	全日托、半日托、计时托、临时托	全日托
服务内容	保育为主、教养结合	保教结合
班级设置	乳儿班（6～12个月，10人以下） 托小班（12～24个月，15人以下） 托大班（24～36个月，20人以下） 混合班（18个月以上，不超过18人）	小班（3～4岁，20～25人） 中班（4～5岁，26～30人） 大班（5～6岁，31～35人）
主管部门	卫生健康部门	教育部门

学习笔记

（二）托幼园所环境

人类在发展的过程中，必然受到环境的影响，而人类的发展进步，也不断创造和改变着环境。这是一个相互影响的过程。

从广义上来说，环境是指包围人类，并对其生活和活动给予各种各样影响的条件的总和，是由若干自然因素和人工因素有机构成的，并与生存其中的人类相互作用的物质空间。对于互动其中的人来说，环境有其物质功能性的一面，即能够满足人的生理需求；也有其精神影响的一面，即能够作用于人的心理需求。[1] 对于儿童发展来说，主要的环境影响因素是人工因素构成的环境，也就是社会环境，包括"同儿童生活发生联系的个体与群体，儿童的人际交往与沟通，儿童参与的活动和事件，儿童生活中所接触、所运用、所适应的人造器物、行为规则、传统习俗、科学文化、媒体信息等儿童活动与人际关系和人类文明"[2]。

从出生之日起，婴幼儿就生活在特定的环境中，接受各种环境因素对身心发展的影响。托幼园所环境主要指对婴幼儿身心发展产生直接或间接影响的园所环境的总和。

二、托幼园所环境的分类

生态系统理论强调环境的多样性，托幼园所环境同样具有不同等级的所有水平上的广泛多样性。托幼园所环境可以从组成性质和创设功能两个维度进行分类。

（一）依据组成性质进行分类

依据组成性质，托幼园所环境一般分为物理环境和精神环境。教育部组织编制的《幼儿园建设标准》、住房和城乡建设部发布的《托儿所、幼儿园建筑设计规范》、国家卫健委印发的《托育综合服务中心建设指南（试行）》均对托幼园所建设项目的构成与建设规模、选址与规划布局、建筑与建筑设备、相关指标等建设事宜即环境创设给出技术指导。总体来看，托幼园所物理环境包括场地、用房、设施设备、物品玩具等。场地包括建筑占地、道路、室外活动场地、绿地；用房包括托育服务用房、托育从业人员培训用房、托育产品研发和标准设计用房、婴幼儿早期发展用房、监督管理用房和设备辅助用房等；设施设备包括建筑基础设备，如给排水系统、暖通空调系统、电气系统、智能化系统及电梯等，托育服务设施，如婴幼儿床铺、桌椅、物品收纳柜等；物品玩具包括

① 袁爱玲，廖莉．幼儿园环境创设：理论与实操［M］．上海：华东师范大学出版社，2017：8.
② 王道俊，郭文安．教育学［M］．北京：人民教育出版社，2009：37.

室内外环境创设的装饰性材料、大型运动器械、中小型玩具器械、区域活动材料等。良好的物理环境为托幼园所开展托育服务和保育教育活动提供基本的物质保障。

托幼园所精神环境与物理环境共同构成托幼园所环境。托幼园所精神环境一般包括文化环境和人际关系。文化环境是指托幼园所从事托育服务和保育教育活动的一切基础文化条件，包括园所的办园理念、文化建设、规章制度、教养活动等；人际关系是指托幼园所教职工与婴幼儿、婴幼儿之间、教职工之间，以及教职工与家长互动交往所形成的关系。[①]

（二）依据创设功能进行分类

依据创设功能不同，托幼园所环境可分为公共环境、功能室环境、管理与服务环境。

1. 公共环境

按存在形式可将公共环境分为室内公共环境和室外公共环境。室外公共环境是婴幼儿每日户外活动的必要场所，以实现婴幼儿与自然接触、游戏娱乐、同伴交往、活动参与等为主要目的。《托育机构设置标准（试行）》第十六条规定："托育机构应当设有室外活动场地，配备适宜的游戏设施，且有相应的安全防护设施。"一般托幼园所设置有一定面积的绿地、沙水池、大型运动器械区、中小型玩具器械区、运动场地等，还包括园所大门、门房、安全防护栏、遮阴设备等。《幼儿园工作规程》第三十条指出："幼儿园应当将环境作为重要的教育资源，合理利用室内外环境，创设开放的、多样的区域活动空间，提供适合幼儿年龄特点的丰富的玩具、操作材料和幼儿读物，支持幼儿自主选择和主动学习，激发幼儿学习的兴趣与探究的愿望。"室内公共环境包括接待区、走廊、门厅、楼梯等。接待区是宣传托幼园所办园文化和教养理念、对外体现良好园所精神环境的主要区域，包括前台、接待桌椅、衣帽间、换鞋柜、宣传橱窗等设备。走廊、门厅和楼梯不仅是连接园所各个区域的公共通道，还体现出一定的养育价值和活动功能性。例如，走廊地面创设不同形状的图案、门厅放置哈哈镜、楼梯墙壁粘贴婴幼儿的绘画作品等，可以增加婴幼儿与环境的互动，提升婴幼儿的认知水平、运动水平、自我意识、独立意识等。

2. 功能室环境

功能室是开展婴幼儿生活照料、区域游戏、教育活动等的主要功能区，是婴幼儿一日生活的核心区域。《幼儿园工作规程》第三十四条指出："幼儿园应

岗课赛证

教资考试考点
广义的幼儿园环境是指幼儿园教育赖以进行的一切条件的总和。它包括幼儿园内部小环境，又包括园外的家庭、社会、自然、文化等大环境。狭义的幼儿园环境是指在幼儿园中，对幼儿身心发展产生影响的物质与精神要素的总和。因此，幼儿园环境按性质可分为物质环境和精神环境两大类。

点亮心灯
环境育人，文化育人。

---

① 郭殷，黄敏，李文治 . 0—3 岁儿童教养环境创设［M］. 上海：上海交通大学出版社，2021：113.

当按照国家的相关规定设活动室、寝室、卫生间、保健室、综合活动室、厨房和办公用房等，并达到相应的建设标准。有条件的幼儿园应当优先扩大幼儿游戏和活动空间。"功能室一般包括常规活动室、游戏活动区、睡眠区、卫生间等。常规活动室是婴幼儿在园生活的主要活动场所，是教师进行婴幼儿日常照料和教育教学的主要场地。游戏活动区是以婴幼儿发展领域为依据划分出的用于满足小群体或个体游戏活动的区域，包括表演区、益智区、美劳区、阅读区等。睡眠区环境的设计应该以不同年龄阶段和不同发育程度的婴幼儿的不同需求为基本导向，切实考虑婴幼儿的个性化休息和睡眠要求。[1] 0～3岁婴幼儿使用卫生间较频繁，卫生间一般设置在临近活动区或睡眠区的位置，宜分间或分隔设置。卫生间最重要的卫生器具包括婴儿护理台、马桶和洗漱台。

3. 管理与服务环境

管理与服务环境是托幼园所正常运营的后方保障，一般包括教师办公室、厨房和医务室。教师办公室包括教学办公室和行政办公室。教学办公室主要供教师进行集中备课和教学研讨。有条件的托幼园所一般设有备课室、研讨室、玩教具制作室、图书资料室、会议室等。教学办公室离常规活动室的距离不能太远，但应该相对安静，便于教师备课和思考。行政办公室是行政人员、管理人员使用的办公用房，大致由主任室、接待室、财务室、后勤办公室及后勤库房等组成，一般位于托幼园所入口附近。[2] 厨房在托幼园所中不仅发挥着婴幼儿营养与喂养的照料功能，还承担着教养礼仪、行为习惯、审美文化、劳动理念培养的任务。厨房按所加工食物类型可分为主食区和副食区。从功能上看，主食区主要由加工区、配餐区、留样间等组成，副食区主要由加工区、副食库、冷藏室等组成。医务室是为婴幼儿提供日常卫生保健的地方。目前我国托幼园所医务室和晨检室在功能分类上没有做到特别细化，医务室的工作人员要承担卫生保健、晨检等具体工作。

三、托幼园所环境的特点

（一）安全性

安全性是托幼园所环境创设体现出的最典型特点，也是环境创设的首要条件和必要保障因素，是托育服务和保育教育活动中必须遵守的重要原则。为保障婴幼儿安全与健康，托幼园所从空气质量、建筑选址到玩具材料的投放，每一个环节均体现出环境创设的安全性特点。《托育机构设置标准（试行）》规定，

① 郭殷，黄敏，李文治.0—3岁儿童教养环境创设［M］.上海：上海交通大学出版社，2021：92.
② 郭殷，黄敏，李文治.0—3岁儿童教养环境创设［M］.上海：上海交通大学出版社，2021：93-94.

托育机构的场地应当选择自然条件良好、交通便利、符合卫生和环保要求的建设用地，远离对婴幼儿成长有危害的建筑、设施及污染源，满足抗震、防火、疏散等要求。托育机构的房屋装修、设施设备、装饰材料等，应当符合国家相关安全质量标准和环保标准，并定期进行检查维护。托育机构应当设有室外活动场地，配备适宜的游戏设施，且有相应的安全防护设施。托育机构应当建立照护服务、安全保卫等监控体系，确保监控报警系统24小时设防，婴幼儿生活和活动区域全覆盖。

（二）适宜性

适宜性主要体现在园所环境创设的所有要素都是符合婴幼儿年龄特点、发展特点、性别特点、个性特点的。例如，托育机构的照护服务对象为0～3岁婴幼儿，根据月龄，分设乳儿班（6～12个月）、托小班（12～24个月）、托大班（24～36个月）等。不同月龄的婴幼儿身心发展特点不同，对环境的需求也就不同。例如，为乳儿班提供的手扶小推车、爬爬垫等，为托小班提供的拖拉玩具、套盒、布书、纸张、画笔等，为托大班提供的配对卡片、打击乐器、骑乘玩具等，都体现出托育机构在物质环境创设过程中对婴幼儿年龄及发展特点的充分考虑。此外，托幼园所在进行环境创设的过程中，还要兼顾性别特点及个性特点。

（三）互动性

互动性的特点主要体现为与人的互动、与物的互动。托育机构对婴幼儿实施养育照料的过程强调"回应性"。"回应性照护"的概念是在2018年世界卫生组织等国际机构联合发布的《养育照护促进儿童早期发展——助力儿童生存发展，改善健康，发掘潜能的指引框架》中被提出的，是指照护者密切观察儿童的动作、声音和手势等线索，通过肌肤接触、眼神、表情、言语等形式对儿童的需求做出及时且恰当的回应。照护人员对婴幼儿进行回应性照护的过程，体现出对婴幼儿行为及身心发展的尊重，也因此使托幼园所精神环境具有人与人互动的情感特点。托幼园所物理环境的创设，充分体现出婴幼儿与物质材料的互动性特点。室内外环境的创设充分考虑婴幼儿的学习特点，强调婴幼儿在创设环境过程中的参与性、与环境互动的体验感。与环境互动的过程中婴幼儿的感知觉、动作、语言、社会性及情绪情感得以发展。例如，婴幼儿通过与户外环境中的大型运动器械、中小型玩具器械进行互动，锻炼大肌肉力量以及走、跑、跳、攀爬等运动能力，并以之为交往媒介，增强同伴交往、师幼互动。婴幼儿通过与室内环境中的玩教具、盥洗用具、餐饮用具等进行互动，获得生活经验，习得生活技能。

学习笔记

点亮心灯

教育是一门"仁而爱人"的事业，爱是教育的灵魂，没有爱就没有教育。——2014年9月9日，习近平总书记同北京师范大学师生代表座谈时的讲话

（四）丰富性

环境创设的丰富性主要是指依据国家卫健委制定的《托育机构保育指导大纲（试行）》提出的促进婴幼儿身体发育和心理发展的目标要求及保育重点，从营养与喂养、睡眠、生活与卫生习惯、动作、语言、认知、情感与社会性等方面提供健康、安全、丰富的生活和活动环境，配置符合婴幼儿月龄特点的家具、用具、玩具、图书、游戏材料和安全防护措施。托幼园所环境创设的丰富性主要表现为活动空间的丰富性、活动形式的丰富性和活动材料的丰富性。活动空间的丰富性包括室内环境和户外环境空间设计的丰富性，如室内有睡眠区、餐饮区、盥洗室、搭建区、角色扮演区、阅读区等，户外有大型游乐区、沙池区、中小型运动器械区、绿植区、养殖区等。婴幼儿的教养和学习，主要通过多种形式的活动进行，有同一主题下的集体活动，有满足个性需求的区域活动；有静态的语言活动、涂鸦活动、用餐活动，有动态的运动游戏、音乐启蒙、角色扮演。活动材料的丰富性主要是指材料的种类丰富、数量充足。活动材料的种类主要由活动空间的划分决定，要求材料种类和空间区域特点及功能定位相匹配；活动材料的数量取决于活动开展的形式，要求数量上满足同一时间进入活动区域参与活动的婴幼儿的需求。

实践与运用 ▶▶▶

你所在的幼儿园准备开设 3 岁以下托班，幼儿园应该从哪些方面进行托班活动教室的环境创设。

学习效果检测

云测试

一、单项选择题

1.（ ）是面向 0～3 岁婴幼儿进行照护服务的最主要的机构。

A. 早教机构　　　　　B. 托育机构　　　　　C. 幼儿园　　　　　D. 社区

2.托育机构的服务内容是（ ）。

A.保育为主　　　B.教养为主　　　C.保教结合　　　D.保育为主，教养结合

3.以下关于托育机构与幼儿园的区别，说法错误的是（ ）。

A.服务对象不同　　B.服务形式不同　　C.服务内容不同　　D.主管部门相同

4.幼儿园创设物质环境时，首先应考虑的要求是（ ）。

A.经济性　　　　B.安全性　　　　C.功能性　　　　D.美观性

5.（ ）是宣传托幼园所办园文化和教养理念、对外体现良好园所精神环境的主要区域。

A.接待区　　　　B.走廊　　　　　C.楼梯　　　　　D.活动室

6.（ ）是婴幼儿一日生活的核心区域。

A.门厅　　　　　B.走廊　　　　　C.功能室　　　　D.户外活动区

7.在乳儿班放置尿布更换台，为托大班提供如厕小马桶，这体现了环境创设的（ ）特点。

A.安全性　　　　B.适宜性　　　　C.丰富性　　　　D.互动性

二、简答题

1.依据创设功能可将托幼园所的环境分为哪几类？

2.简述托幼园所环境的特点。

三、论述题

什么是幼儿园环境？为什么幼儿园教育中要强调创设良好的幼儿园环境？请联系实际说明。

（2017年下半年教师资格考试《保教知识与能力》）

学习评价与反思

单元 二
托幼园所环境的作用

学习任务单

姓名 _____　　班级 _____　　学习时间 _____

序号	学习任务	学习建议	完成效果		
			自我评价	同伴评价	教师评价
1	理解并分析环境对婴幼儿发展的作用	结合"情境描述"的案例小组讨论			
2	明确托幼园所环境创设的目标	文件学习:《托育机构保育指导大纲(试行)》			
学习反思					

情境描述

　　某园所以"保护地球"为主题,带领幼儿收集生活中的废旧物品,引导幼儿参加"废旧物品大改造"的艺术活动。一周之后,园所户外场地的不同角落均放置了幼儿与教师利用废旧物品制作的艺术品。在家中,家长也引导幼儿利用废旧衣服、果壳、纸箱、塑料瓶等制作各种有趣的艺术品。为了加深幼儿对地球环境的认识,增强其环保意识,园所组织幼儿参加栽种小树苗活动,带领幼儿参加社区卫生志愿者服务活动,还在阅读区添置关于环境保护、垃圾分类等的系列主题绘本。

　　该园所将环境创设与主题活动、区域活动、社区活动、家园共育等紧密联系在一起,通过物质环境的创设、环保主题氛围的营造、爱护地球家园的思想意识的培育等多种途径,对幼儿进行多方面的知识与能力培养。

　　请思考:

　　1.托幼园所环境创设对婴幼儿身心发展的促进作用有哪些?

　　2.托幼园所环境创设应该达到怎样的育人目标?

学习驿站

陈鹤琴非常强调环境在儿童发展中的重要作用。他说："小孩子生来大概都是好的。到了后来，或者是好，或者变坏，这是环境的关系。环境好，小孩子就容易变好，环境坏，小孩子就容易变坏。一个小孩子在诡诈恶劣的环境里生长，到大来也会变成诡诈恶劣的。一个小孩子在忠厚勤俭的环境里生长，到大来也是忠厚勤俭的。这是什么缘故呢？他所看见的，所听见的，都给他坏的印象，那他所反应的大概也是坏的；假使他在很好的环境里生长，他所听见的，所看见的，都给他好的印象，那他所表现的大概也是很好的。"[①]《幼儿园教育指导纲要（试行）》中明确指出："环境是重要的教育资源，应通过环境的创设和利用，有效地促进儿童的发展。"托幼园所环境对婴幼儿发展的作用，包括满足婴幼儿生活与游戏的需要，促进婴幼儿的语言发展、动作发展、认知发展、社会性发展和审美发展等。

一、托幼园所环境对婴幼儿发展的作用

（一）满足婴幼儿生活与游戏的需要

习近平总书记在党的十九大报告中提出幼有所育，这为我国0~6岁学龄前儿童的保育和教育指明了方向。在党的二十大报告中，习近平总书记更是提出了在幼有所育上持续发力。

环境对婴幼儿
发展的作用

在保育方面，托幼园所通过创设饮食、饮水、喂奶、如厕、盥洗、清洁、睡眠等服务环境，满足婴幼儿日常的生活需求。例如，制订膳食计划和科学食谱，为婴幼儿提供与年龄发育特点相适应的食物和餐具，如为婴幼儿提供练习独自吃饭的机会和环境，保证定时、定点就餐。在满足正常生理需求的同时，训练婴幼儿独自吃饭的技能，培养婴幼儿对各类型食物的兴趣；为婴幼儿提供适宜的如厕环境，引导和协助其养成规律排便的习惯，逐步实现如厕过程完全独立。

在教育方面，托幼园所主要通过游戏来促进婴幼儿语言、动作、认知、社会性与审美等的全面发展。托幼园所环境的创设处处体现出游戏性：户外环境中宽敞的操场、连绵起伏的坡道、功能多变的大型运动器械等，室内门厅摆放的哈哈镜、走廊地面绘制的迷宫走道、墙面镶嵌的玩具操作板、活动室中的各种功能活动区等，都为婴幼儿提供了探索的机会，以满足了婴幼儿发展的需要。

岗课赛证

教资考试考点
幼儿园环境创设的
作用是什么？

[①] 秦元东.为儿童创设良好的环境——论陈鹤琴关于幼稚园环境创设的思想[J].学前教育研究，2002（6）.

（二）促进婴幼儿的语言发展

语言是人类表达思想的工具，是人类交往的工具。语言的发展对婴幼儿的认知和社会性的发展起着重要作用。0~6岁婴幼儿的语言发展具有普遍规律，0~3岁更是婴幼儿语言发展的关键期。在关键期内提供给婴幼儿良好的语言环境，势必能够促进其语言能力迅速发展。

托幼园所是促进婴幼儿语言发展的主要场所之一。保教人员通过一日生活照料、语言领域的主题活动、其他领域或区角活动等形式直接或间接地为婴幼儿提供正确的语言示范，保持与婴幼儿频繁的交流与沟通，引导其倾听、理解和对话，从物质层面到精神层面，为婴幼儿提供良好的语言学习环境。例如，在一日生活照料中，照护者不仅要完成相应的照料工作，满足婴幼儿的生理需求，还要在照护的过程中与婴幼儿进行眼神、动作和语言交流，如通过表情和语言逗弄婴幼儿，为其歌唱、念儿歌，描述照料的动作或步骤等，在此过程中为婴幼儿创设日常语言交往的环境。婴幼儿通过照护者的眼神、动作和语言等信号，尝试理解语义、模仿发音、积累词汇等。在教育教学活动中，托幼园所常常将一个主题作为各领域活动的主线，展开集体教学活动和区域游戏活动。例如，在四月，常以"世界读书日"为主题，教师在活动室创设阅读角和阅读主题墙，在美工区投放制作书签的材料，在操作区投放造纸的材料，在每日晨检后安排婴幼儿晨读或自主阅读，并为家长布置亲子阅读打卡活动等，以营造浓郁的阅读氛围，为婴幼儿提供充足的语言学习机会。

（三）促进婴幼儿的动作发展

婴幼儿通过身体动作探索环境，通过身体动作促进生长发育，强健体魄，通过身体动作与语言的配合表达个人思想和情感，通过身体动作获得感知觉和认知经验。与此同时，婴幼儿的动作发展水平也受到周遭环境的影响。托幼园所应当充分考虑婴幼儿动作发展的特点，提供丰富的运动器械、玩具材料，以及相应的游戏活动，为其创设适宜的发展环境。

例如，托育机构在保证婴幼儿安全的前提下，为婴幼儿提供充足的运动空间，如户外运动场地、室内爬行区、学步区、感觉统合游戏区、精细动作操作区等；为婴幼儿提供适宜的活动材料，如大型运动器械、攀爬墙壁、中小型运动类玩具器械、感觉统合游戏器械、精细动作游戏材料等；为婴幼儿营造自由愉悦的运动和精细动作操作氛围，保证婴幼儿每天户外活动不少于2小时。

（四）促进婴幼儿的认知发展

在皮亚杰看来，婴幼儿的认知是在与环境的交互作用中不断发展的，比如处于感知运动阶段（0~2岁）的婴幼儿，主要通过探索感知觉与运动之间的关系获得运动经验，他们通过看、抓和吮吸来了解外部环境，获得认知；处于前运算阶段（2～7岁）的幼儿，在具体环境的作用下，形成动作图式，并逐步使动作图式符号化，获得认知水平的进一步提升。婴幼儿的一切认知活动，均在与环境的互动中获得，他们综合运用多种感觉器官及身体动作探索世界、认识世界、积累生活与学习经验。

托幼园所恰好为婴幼儿提供了多元化的、丰富的、可探究的环境。物质环境的创设、教养活动的开展、师幼及家长多边关系的互动等均能促进婴幼儿的认知发展。例如，在一所托育机构的大厅，面对墙面摆放着一台投影仪。婴幼儿行走至投影仪前时，便会发现他们的身影被投影仪的光束打到墙面上，于是就出现了一次又一次从投影仪前进入、退出、进入、退出的小小身影，接下来他们开始尝试各种身体动作、手部动作，甚至借助周边玩具材料摆出造型。一个由投影仪创设的光影游戏区，给婴幼儿带来了无限探索的空间。通过感官刺激和身体动作，婴幼儿探索并认识了光、影、自己和材料之间的关系，在无尽的想象、创造和愉悦的氛围中收获了成长。

（五）促进婴幼儿的社会性发展

人是社会的人，人的物质需求和精神需求在社会中得以满足，人的价值在社会中得以体现。婴幼儿阶段是人的社会性发展的关键期，其社会性发展主要体现为婴儿期依恋关系的形成和幼儿期道德的发展。婴儿自出生后便以独特方式与周围的人和环境进行交往，通过哭声与母亲建立依恋关系，利用嘴巴的吮吸和手指的抓握开启对自我和环境的认知，等等。各种亲社会行为的萌芽也出现在婴幼儿阶段，皮亚杰认为，8～12个月的婴儿就已经具有同情行为、利他行为和分享倾向，其他心理学家通过实验证实了皮亚杰的观点，并发现婴幼儿的亲社会行为的早期表现往往是具体的、与确定的奖励相关。从班杜拉社会学习论的角度来看，婴幼儿的亲社会行为主要是通过观察他人的社会行为并模仿而获得的。对婴幼儿社会性的培养，宜通过环境熏陶、言传身教，渗透在一日生活的各个环节中。

教育是使人从"个体化"走向"社会化"的最主要社会实践活动。我国的教育就是要全面贯彻党的教育方针，落实立德树人根本任务，培养德智体美劳全面发展的社会主义建设者和接班人。全面发展是教育的根本目标，立德树人是教育的根本任务。《3—6岁儿童学习与发展指南》明确指出："幼儿社会领域的学习与发展过程是其社会性不断完善并奠定健全人格基础的过程。"《托育机构保育指导大纲（试行）》也从安全感、自我意识、自我控制、社会交往能力等方面提出了0～3岁婴幼儿情感与社会性发展的目标。托幼园所与家庭和社区达

学习笔记

成共育共识，为婴幼儿创设温暖关爱的集体生活氛围，创设良好的亲子关系和师幼关系，创设适宜婴幼儿社会性发展的精神环境和物质环境，以促进婴幼儿自我意识、人际交往、情绪交流与自我控制等方面的发展。

（六）促进婴幼儿的审美发展

为贯彻落实习近平总书记关于教育的重要论述和全国教育大会精神，进一步强化学校美育育人功能，构建德智体美劳全面培养的教育体系，中共中央办公厅、国务院办公厅于2020年印发了《关于全面加强和改进新时代学校美育工作的意见》，明确提出："学前教育阶段培养幼儿拥有美好、善良心灵和懂得珍惜美好事物。"0～6岁是婴幼儿艺术启蒙的关键期。在出生后不久，婴幼儿就对美有一定的感知，能够注视或追逐有形、有色、有声的目标，表现出对形、色、声最初的选择倾向，这种选择倾向其实是婴儿对客体所做出的一种审美反应。[1]

托幼园所通过室内外环境创设、艺术操作材料的投放、艺术活动的开展等多种途径对婴幼儿进行艺术启蒙和审美教育。室内外环境创设从造型、颜色、空间布局等方面为婴幼儿提供隐性的审美教育内容，为婴幼儿带来美的感受；教师提供的艺术操作材料，能满足婴幼儿的自由探索；专门的艺术活动，通过游戏的形式有目的、有计划地发展婴幼儿感受美、欣赏美、表现美和创造美的能力。

二、托幼园所环境创设的目标

《托育机构保育指导大纲（试行）》强调："通过创设适宜环境，合理安排一日生活和活动，提供生活照料、安全看护、平衡膳食和早期学习机会，促进婴幼儿身体和心理的全面发展。"

《幼儿园工作规程》规定了幼儿园的任务："贯彻国家的教育方针，按照保育与教育相结合的原则，遵循幼儿身心发展特点和规律，实施德、智、体、美等方面全面发展的教育，促进幼儿身心和谐发展。"《幼儿园教育指导纲要（试行）》强调："幼儿园应为幼儿提供健康、丰富的生活和活动环境，满足他们多方面发展的需要，使他们在快乐的童年生活中获得有益于身心发展的经验。"

托幼园所的环境是婴幼儿赖以生存和发展的必要条件，是实现婴幼儿教育活动的"隐性课程"。综合托育机构和幼儿园相关文件精神，托幼园所环境创设的目标便是促进婴幼儿身心和谐发展。

---

[1] 肖素芬，丁玲.婴儿艺术教育指导活动设计与组织［M］.北京：科学出版社，2015：9.

实践与运用 ▶▶▶

如何在一日生活照料环节为婴幼儿提供丰富的语言环境？

_____

_____

_____

_____

学习效果检测

云测试

一、单项选择题

1.幼儿园环境创设中，使用易于识别的生活行为规则标识图，其最主要的目的是（　　）。（2017年上半年教师资格考试《保教知识与能力》）

A.美化环境　　　　　　　　　　　　　B.便于幼儿看图说话

C.便于幼儿认识各种符号　　　　　　　D.便于幼儿习得生活技能和行为准则

2.习近平总书记在（　　）中提出"幼有所育"。

A.党的十八大　　　　　　　　　　　　B.党的十九大

C.2018年全国教育大会　　　　　　　　D.2019年全国教育大会

3.为婴幼儿提供适宜的就餐环境、盥洗环境、睡眠环境，有利于满足婴幼儿的（　　）需要。

A.生活　　　　　B.语言发展　　　　　C.动作发展　　　　　D.认知发展

4.某托育机构近日为托大班幼儿配置了嵌板、磁力钓鱼、拼图板等桌面玩具，并以此为基础开展了系列游戏活动，以上有利于婴幼儿（　　）的发展。

A.生活技能　　　　B.语言　　　　　　C.社会性　　　　　D.认知与精细动作

5.习近平总书记提出（　　），表达出党对千家万户民生之事的牵挂和提升人民群众获得感、幸福感的决心。

A.幼有所育　　　　B.幼有善育　　　　C.学有所教　　　　D.在幼有所育上持续发力

二、简答题

1.简述托幼园所环境如何满足婴幼儿生活与游戏的需要。

2.简述托幼园所环境如何促进婴幼儿动作发展。

3.简述托幼园所环境如何促进婴幼儿认知发展。

4.简述《托育机构保育指导大纲（试行）》中促进婴幼儿身体和心理全面发展的途径。

5.简述《幼儿园教育指导纲要（试行）》中对幼儿园环境创设的相关要求。

三、论述题

论述积极师幼关系的意义，并联系实际谈谈教师应如何建立积极的师幼关系。（2015年下半年教师资格证考试《保教知识与能力》）

学习评价与反思

单元 三
托幼园所环境创设的标准和原则

学习任务单

姓名 _____　　　班级 _____　　　学习时间 _____

序号	学习任务	学习建议	完成效果		
			自我评价	同伴评价	教师评价
1	掌握托幼园所环境创设的依据	文件学习：《3—6岁儿童学习与发展指南》			
2	了解托幼园所环境创设的标准	拓展阅读：《托育综合服务中心建设指南（试行）》			
3	明确托幼园所环境创设的原则	结合"情境描述"，小组讨论托幼园所环境创设的原则			
学习反思					

情境描述

　　因活动需要，某幼儿园教师临时给孩子们布置了一项作业——"请每个小朋友带一盆绿植到幼儿园，让小朋友们共同观赏"。第二天，各种造型独特、价格昂贵的花草盆景成为自然角亮丽的风景线，教师也制作了植物生长记录卡。但活动结束后，花草因缺少照顾，逐渐枯萎，记录卡上却留下了丰富的记录内容。

　　请思考：

　　1.托幼园所环境创设的依据和标准是什么？

　　2.托幼园所环境创设应该遵循哪些原则？

学习驿站

一、托幼园所环境创设的依据和标准

（一）托幼园所环境创设的依据

托幼园所环境创设要依据《托育机构保育指导大纲（试行）》《幼儿园教育指导纲要（试行）》《3—6岁儿童学习与发展指南》来进行。

1. 托育机构环境创设的依据

《托育机构保育指导大纲（试行）》是以指导托育机构为3岁以下婴幼儿（以下简称婴幼儿）提供科学、规范的照护服务，促进婴幼儿健康成长为目的而制定的。其第三章"组织与实施"对托育机构的物理环境提出要求："托育机构是实施保育的场所，应当提供健康、安全、丰富的生活和活动环境，配置符合婴幼儿月龄特点的家具、用具、玩具、图书、游戏材料和安全防护措施，并根据场地条件合理确定收托规模，配备符合要求的保育人员。"为婴幼儿提供健康、安全、丰富的生活和活动环境，还体现在保育应遵循的"安全健康"原则方面："最大限度地保护婴幼儿的安全和健康，切实做好托育机构的安全防护、营养膳食、疾病防控等工作。"

环境创设的具体依据，充分体现在各月龄段婴幼儿保育的具体内容中，包括营养与喂养、睡眠、生活与卫生习惯、动作、语言、认知、情感与社会性等方面。

营养与喂养：制订膳食计划和科学食谱，为婴幼儿提供与年龄发育特点相适应的食物，规律进餐，为有特殊饮食需求的婴幼儿提供喂养建议。为婴幼儿创造安静、轻松、愉快的进餐环境，协助婴幼儿进食，并鼓励婴幼儿表达需求、及时回应，顺应喂养，不强迫进食。有效控制进餐时间，加强进餐看护，避免发生伤害。

睡眠：为婴幼儿提供良好的睡眠环境和设施，温湿度适宜，白天睡眠不过度遮蔽光线，设立独立床位，保障安全、卫生。加强睡眠过程巡视与照护，注意观察婴幼儿睡眠时的面色、呼吸、睡姿，避免发生伤害。关注个体差异及睡眠问题，采取适宜的照护方式。

生活与卫生习惯：保持生活场所的安全卫生，预防异物吸入、烧烫伤、跌落伤、溺水、中毒等伤害发生。在生活中逐渐养成婴幼儿良好习惯，做好回应性照护，引导其逐步形成规则和安全意识。注意培养婴幼儿良好的用眼习惯，限制屏幕时间。注意培养婴幼儿良好的口腔卫生习惯，预防龋齿。在各生活环

学习笔记

节中，做好观察，发现有精神状态不良、烦躁、咳嗽、打喷嚏、呕吐等表现的婴幼儿，要加强看护，必要时及时隔离，并联系家长。

动作：在各个生活环节中，创造丰富的身体活动环境，确保活动环境和材料安全、卫生。充分利用日光、空气和水等自然条件，进行身体锻炼，保证充足的户外活动时间。安排类型丰富的活动和游戏，并保证每日有适宜强度、频次的大运动活动。做好运动中的观察及照护，避免发生伤害。关注患病婴幼儿。处于急慢性疾病恢复期的婴幼儿，及时调整活动强度和时间；发现运动发育迟缓婴幼儿，给予针对性指导，及时转介。

语言：创设丰富和应答的语言环境，提供正确的语言示范，保持与婴幼儿的交流与沟通，引导其倾听、理解和模仿语言。为不同月龄婴幼儿提供和阅读适合的儿歌、故事和图画书，培养早期阅读兴趣和习惯。关注语言发展迟缓的婴幼儿，并给予个别指导。

认知：创设环境，促进婴幼儿通过视、听、触摸等多种感觉活动与环境充分互动，丰富认识和记忆经验。保护婴幼儿对周围事物的好奇心和求知欲，耐心回应婴幼儿的问题，鼓励婴幼儿自己寻找答案。在确保安全健康的前提下，支持和鼓励婴幼儿主动探索。

情感与社会性：观察了解每个婴幼儿独特的沟通方式和情绪表达特点，正确判断其需求，并给予及时、恰当的回应。与婴幼儿建立信任和稳定的情感联结，使其有安全感。建立一日生活和活动常规，开展规则游戏，帮助婴幼儿理解和遵守规则，逐步发展规则意识，适应集体生活。创造机会，支持婴幼儿与同伴和成人的交流互动，体验交往的乐趣。

托育机构的教师要依据《托育机构保育指导大纲（试行）》的要求，为婴幼儿创设符合领域要求的环境，科学实施照护服务，达到环境育人的目的。

2. 幼儿园环境创设的依据[①]

幼儿园环境创设主要依据《幼儿园教育指导纲要（试行）》和《3—6岁儿童学习与发展指南》。

（1）《幼儿园教育指导纲要（试行）》对幼儿园环境的要求

《幼儿园教育指导纲要（试行）》对幼儿园教育环境做出如下表述："环境是重要的教育资源，应通过环境的创设和利用，有效地促进幼儿的发展。""环境是重要的教育资源"集中体现在：教师必须提供环境支持、活动材料和条件，以扩展幼儿生活和学习的空间；幼儿在与环境的互动中，通过积极地操作与探索，建构终身受益的学习品质、生活态度、行为习惯。

---

① 沈建洲. 幼儿园教育环境创设［M］. 上海：复旦大学出版社，2014：48-50.

学习笔记

针对"通过环境的创设和利用，有效地促进幼儿的发展"，《幼儿园教育指导纲要（试行）》从五个方面，做出进一步阐述："（一）幼儿园的空间、设施、活动材料和常规要求等应有利于引发、支持幼儿的游戏和各种探索活动，有利于引发、支持幼儿与周围环境之间积极的相互作用。（二）幼儿同伴群体及幼儿园教师集体是宝贵的教育资源，应充分发挥这一资源的作用。（三）教师的态度和管理方式应有助于形成安全、温馨的心理环境；言行举止应成为幼儿学习的良好榜样。（四）家庭是幼儿园重要的合作伙伴。应本着尊重、平等、合作的原则，争取家长的理解、支持和主动参与，并积极支持、帮助家长提高教育能力。（五）充分利用自然环境和社区的教育资源，扩展幼儿生活和学习的空间。幼儿园同时应为社区的早期教育提供服务。"这是幼儿园创设教育环境的重要依据，为如何创设教育环境指明了方向。

为进一步发挥教育环境的重要作用，《幼儿园教育指导纲要（试行）》在五大领域的教育内容和要求中，从精神和物质两个层面提出了具有领域特点的教育环境创设指导建议与要求。

健康领域：建立良好的师生、同伴关系，让幼儿在集体生活中感到温暖，心情愉快，形成安全感、信赖感。开展丰富多彩的户外游戏和体育活动，培养幼儿参加体育活动的兴趣和习惯，增强体质，提高对环境的适应能力。

语言领域：创造一个自由、宽松的语言交往环境，支持、鼓励、吸引幼儿与教师、同伴或其他人交谈，体验语言交流的乐趣，学习使用适当的、礼貌的语言交往。培养幼儿对生活中常见的简单标记和文字符号的兴趣。

社会领域：与家庭、社区合作，引导幼儿了解自己的亲人以及与自己生活有关的各行各业人们的劳动，培养其对劳动者的热爱和对劳动成果的尊重。充分利用社会资源，引导幼儿实际感受祖国文化的丰富与优秀，感受家乡的变化和发展，激发幼儿爱家乡、爱祖国的情感。适当向幼儿介绍我国各民族和世界其他国家、民族的文化，使其感知人类文化的多样性和差异性，培养理解、尊重、平等的态度。

科学领域：引导幼儿对身边常见事物和现象特点、变化规律产生兴趣和探究的欲望。为幼儿的探究活动创造宽松的环境，让每个幼儿都有机会参与尝试，支持、鼓励他们大胆提出问题，发表不同意见，学习尊重别人的观点和经验。提供丰富的可操作的材料，为每个幼儿都能运用多种感官、多种方式进行探索提供活动的条件。引导幼儿对周围环境中的数、量、形、时间和空间等现象产生兴趣，建构初步的数概念，并学习用简单的数学方法解决生活和游戏中某些

岗课赛证

教资考试考点
1.《幼儿园教育指导纲要（试行）》中的教育内容和要求有哪些？
2.《幼儿园教育指导纲要（试行）》中各领域的教育指导要点分别是什么？

学习笔记

简单的问题。从生活或媒体中幼儿熟悉的科技成果入手，引导幼儿感受科学技术对生活的影响，培养他们对科学的兴趣和对科学家的崇敬。在幼儿生活经验的基础上，帮助幼儿了解自然、环境与人类生活的关系。从身边的小事入手，培养初步的环保意识和行为。

艺术领域：引导幼儿接触周围环境和生活中美好的人、事、物，丰富他们的感性经验和审美情趣，激发他们表现美、创造美的情趣。指导幼儿利用身边的物品或废旧材料制作玩具、手工艺品等来美化自己的生活或开展其他活动。为幼儿创设展示自己作品的条件，引导幼儿相互交流、相互欣赏、共同提高。

幼儿园教师要根据《幼儿园教育指导纲要（试行）》要求，采取各种措施和手段，创设符合领域要求的教育环境，有效促进幼儿发展。

（2）《3—6岁儿童学习与发展指南》对幼儿园环境创设的要求

为深入贯彻《国家中长期教育改革和发展规划纲要（2010—2020年）》和《国务院关于当前发展学前教育的若干意见》，指导幼儿园和家庭实施科学的保育和教育，促进幼儿身心全面发展，制定《3—6岁儿童学习与发展指南》，其目标部分对3～4岁、4～5岁、5～6岁三个年龄段幼儿的发展水平和方向，以及有效的教育途径和方法，提出了科学具体的建议与要求。其中，特别强调要理解幼儿的学习方式和特点。幼儿的学习是以直接经验为基础，在游戏和日常生活中进行的。要珍视游戏和生活的独特价值，创设丰富的教育环境，合理安排一日生活，最大限度地支持和满足幼儿通过直接感知、实际操作和亲身体验获取经验的需要，严禁"拔苗助长"式的超前教育和强化训练。

细致研读《3—6岁儿童学习与发展指南》不难发现，各个领域的目标内容和教育建议都渗透着物质环境和精神环境创设的具体内容与要求。鉴于其目标明确，内容翔实，建议具体，这里不再一一解读。下面略举三个例子来加深理解。

例一：健康领域 （三）生活习惯与生活能力 目标2：具有基本的生活自理能力。教育建议：3.提供有利于幼儿生活自理的条件。如：提供一些纸箱、盒子，供幼儿收拾和存放自己的玩具、图书或生活用品等。建议说明，幼儿基本生活自理能力是在创设的教育环境中，通过整理个人或集体物品等具体操作与练习而逐渐形成的。

例二：语言领域 （二）阅读与书写准备 目标1：喜欢听故事，看图书。教育建议：1.为幼儿提供良好的阅读环境和条件。如：提供一定数量、符合幼儿年龄特点、富有童趣的图画书；提供相对安静的地方，尽量减少干扰，保证幼儿自主阅读。《3—6岁儿童学习与发展指南》一方面要求幼儿园和家庭创设良好的阅读环境和氛围；另一方面根据幼儿年龄特点，对图书的数量、内容提出具体建议。

例三：艺术领域 （一）感受与欣赏 目标2：喜欢欣赏多种多样的艺术形式和作品。教育建议：1. 创造条件让幼儿接触多种艺术形式和作品。如：经常让幼儿接触适宜的、各种形式的音乐作品，丰富幼儿对音乐的感受和体验；和幼儿一起用图画、手工制品等装饰和美化环境；带幼儿观看或共同参与传统民间艺术和地方民俗文化活动，如皮影戏、剪纸和捏面人等；有条件的情况下，带幼儿去剧院、美术馆、博物馆等欣赏文艺表演和艺术作品。

建议包含了这样几层意思：借助周边环境资源，利用观看和聆听等感知方式，让幼儿熟悉、了解各种艺术作品和艺术形式；运用幼儿的作品，或与幼儿共同创设、美化幼儿园环境；带幼儿实地感知、感受传统文化和民间艺术形式，创造必要条件，鼓励、支持幼儿参与多种多样的艺术活动。

《3—6岁儿童学习与发展指南》给出的教育建议，能够让我们深切地感受到，环境创设在幼儿教育实践中的重要作用。当然，《3—6岁儿童学习与发展指南》给出的建议是方向性、引导性的，而实际操作是具体的、物化的，受各种客观因素的影响，教师和家长需要结合幼儿园和所处地方实际、地域文化，幼儿的年龄特点，灵活创设相应的活动环境，这也是从理论到实践的创造性转化过程、吸收内化过程和提高过程。

（二）托幼园所环境创设的标准

如果说《托育机构保育指导大纲（试行）》《幼儿园教育指导纲要（试行）》和《3—6岁儿童学习与发展指南》是幼儿园软环境的创设依据，那么，我国现行的《托儿所、幼儿园建筑设计规范》就是关于托幼园所硬环境创设的指标依据。

2016年住房和城乡建设部发布了行业标准《托儿所、幼儿园建筑设计规范》（在1987年版的基础上进行修订，增加了强规内容，注重人性化设计和生态与安全）。2019年对部分内容进行再修订，以保证托儿所、幼儿园建筑设计质量，使建筑设计满足适用、安全、卫生、经济、美观等方面的基本要求。

1. 托儿所、幼儿园的规模

托儿所、幼儿园的建筑设计应满足使用功能要求，有益于婴幼儿健康成长；保证婴幼儿、教师及工作人员的环境安全，并具备防灾能力；符合节约土地、能源，环境保护的基本方针。托儿所、幼儿园的规模如表1-1所示。

表 1-1　托儿所、幼儿园的规模

规模	托儿所（班）	幼儿园（班）
小型	1～3	1～4
中型	4～7	5～8
大型	8～10	9～12

2. 托儿所、幼儿园基地建设要求

托儿所、幼儿园的基地应建设在日照充足、交通方便、场地平整、干燥、排水通畅、环境优美、基础设施完善的地段。托儿所、幼儿园的总平面设计应包括总平面布置、竖向设计和管网综合等设计。总平面布置应包括建筑物、室外活动场地、绿化、道路布置等内容，设计应功能分区合理、方便管理、朝向适宜、日照充足，创造符合幼儿生理、心理特点的环境空间。四个班及以上的托儿所、幼儿园建筑应独立设置。三个班及以下时，可与居住、养老、教育、办公建筑合建。

托儿所、幼儿园应设室外活动场地。幼儿园每班应设专用室外活动场地，人均面积不应小于 $2m^2$，各班活动场地之间宜采取分隔措施；幼儿园应设全园共用活动场地，人均面积不应小于 $2m^2$；托儿所室外活动场地人均面积不应小于 $3m^2$；城市人口密集地区改、扩建的托儿所，设置室外活动场地确有困难时，室外活动场地人均面积不应小于 $2m^2$。共用活动场地应设置游戏器具、沙坑、30m 跑道等，宜设戏水池，储水深度不应超过 0.30m。室外活动场地应有 1/2 以上的面积在标准建筑日照阴影线之外。

托儿所、幼儿园场地内绿地率不应小于 30%，宜设置集中绿化用地。绿地内不应种植有毒、带刺、有飞絮、病虫害多、有刺激性的植物。

3. 托儿所、幼儿园生活用房建筑设计要求

托儿所、幼儿园建筑应由生活用房、服务管理用房和供应用房等部分组成。其中，生活用房是婴幼儿最常活动的环境。

（1）托儿所生活用房

托儿所生活用房应由乳儿班、托小班、托大班组成，各班应为独立使用的生活单元。宜设公共活动空间。乳儿班应包括睡眠区、活动区、配餐区、清洁区、储藏区等，各区最小使用面积应符合表 1-2 的规定。托小班应包括睡眠区、活动区、配餐区、清洁区、卫生区、储藏区等，各区最小使用面积应符合表 1-3 的规定。睡眠区应布置供每个婴幼儿使用的床位，不应布置双层床。床位四周不宜贴靠外墙。配餐区应临近对外出入口，并设有调理台、洗涤池、洗

手池、储藏柜等，应设加热设施，宜设通风或排烟设施。清洁区应设淋浴、尿布台、洗涤池、洗手池、污水池、成人厕位等设施。成人厕位应与幼儿卫生间隔离。托小班卫生区内应设适合幼儿使用的卫生器具，坐便器高度宜为0.25m以下。每班至少设2个大便器、2个小便器，便器之间应设隔断；每班至少设3个适合幼儿使用的洗手池，高度宜为0.40m～0.45m，宽度宜为0.35m～0.40m。乳儿班卫生间至少应设洗涤池2个、污水池1个、保育人员厕位1个。托大班生活用房的使用面积及要求宜与幼儿园生活用房相同。

表1-2　乳儿班各区最小使用面积　　　　　　　　单位：m²

各区名称	最小使用面积
睡眠区	30
活动区	15
配餐区	6
清洁区	6
储藏区	4

表1-3　托小班各区最小使用面积　　　　　　　　单位：m²

各区名称	最小使用面积
睡眠区	35
活动区	35
配餐区	6
清洁区	6
卫生区	8
储藏区	4

（2）幼儿园生活用房

幼儿园的生活用房应由幼儿生活单元、公共活动空间和多功能活动室组成。公共活动空间可根据需要设置。幼儿生活单元应设置活动室、寝室、卫生间、衣帽储藏间等基本空间。幼儿园生活单元房间的最小使用面积不应小于表1-4的规定，当活动室与寝室合用时，其房间最小使用面积不应小于105m²。

表1-4　幼儿生活单元房间的最小使用面积　　　　　　　　单位：m²

房间名称	房间最小使用面积
活动室	70
寝室	60

续表

房间名称		房间最小使用面积
卫生间	厕所	12
	盥洗室	8
衣帽储藏间		9

活动室、寝室、多功能活动室等幼儿使用的房间应做暖性、有弹性的地面，幼儿使用的通道地面应采用防滑材料。活动室、多功能活动室等室内墙面应具有展示教材、作品和空间布置的条件。寝室应保证每一个幼儿设置一张床铺的空间，不应布置双层床。床位侧面或端部距外墙距离不应小于0.60m。卫生间应由厕所、盥洗室组成，并宜分间或分隔设置。无外窗的卫生间，应设置防止回流的机械通风设施。每班卫生间的卫生设备数量不应少于表1-5的规定。卫生间应临近活动室或寝室，且开门不宜直对寝室或活动室。盥洗室与厕所之间应有良好的视线贯通。卫生间所有设施的配置、形式、尺寸均应符合幼儿人体尺度和卫生防疫的要求。例如，盥洗池距地面的高度宜为0.50m～0.55m，宽度宜为0.40m～0.45m，水龙头的间距宜为0.55m～0.60m；大便器宜采用蹲式便器，大便器或小便槽均应设隔板，隔板处应加设幼儿扶手。厕位的平面尺寸不应小于0.70m×0.80m，坐式便器的高度宜为0.25m～0.30m。

表1-5 每班卫生间卫生设备的最少数量

污水池（个）	大便器（个）	小便器（沟槽）（个或位）	盥洗池（水龙头，个）
1	3	4	6

4. 托儿所、幼儿园室内环境要求

（1）采光

托儿所、幼儿园的生活用房、服务管理用房和供应用房中的厨房等均应有直接天然采光，其采光系数最低值和窗地面积比应符合表1-6的规定。

表1-6 采光系数最低值和窗地面积比

采光等级	场所名称	采光系数最低值（%）	窗地面积比
III	活动室、寝室	3.0	1/5
	多功能活动室	3.0	1/5
	办公室、保健观察室	3.0	1/5
	睡眠区、活动区	3.0	1/5
V	卫生间	1.0	1/10
	楼梯间、走廊	1.0	1/10

（2）隔声、噪声控制

托儿所、幼儿园建筑室内允许噪声级应符合表1-7的规定。

表1-7　室内允许噪声级　　　　　　　　单位：db

房间名称	允许噪声级（A声级）
生活单元、保健观察室	≤ 45
多功能活动室、办公室	≤ 50

托儿所、幼儿园建筑主要房间的空气声隔声标准等应符合表1-8的规定。

表1-8　主要房间的空气声隔声标准　　　　　　　　单位：db

房间名称	空气声隔声标准（计权隔声量）	楼撞击声隔声单值评价量
生活单元、办公室、保健观察室与相邻房间之间	≥ 50	≤ 65
多功能活动室与相邻房间之间	≥ 45	≤ 75

托儿所、幼儿园建筑的环境噪声应符合现行国家标准《民用建筑隔声设计规范》的有关规定。

（3）空气质量

托儿所、幼儿园的室内空气质量应符合现行国家标准《室内空气质量标准》的有关规定。托儿所、幼儿园的幼儿用房应有良好的自然通风，其通风口面积不应小于房间地板面积的1/20。夏热冬冷、严寒和寒冷地区的幼儿用房应采取有效的通风设施。托儿所、幼儿园建筑使用的建筑材料、装修材料和室内设施应符合现行国家标准《民用建筑工程室内环境污染控制规范》的有关规定。

二、托幼园所环境创设的原则和途径

（一）托幼园所环境创设的原则

1. 健康安全原则

婴幼儿发展的首要前提条件就是健康安全，因此托幼园所环境创设必须遵守健康安全的原则。首先，园所不应置于易发生自然地质灾害的地段；与易发生危险的建筑物、仓库、储罐、可燃物品和材料堆场等之间的距离应符合国家现行有关标准的规定；应远离各种污染源，并应符合国家现行有关卫生、防护标准的要求；园内不应有高压输电线、燃气、输油管道主干道等穿过。其次，建筑用房设计与室内环境创设要符合婴幼儿发展特点及生长需要，如幼儿园的厕所、盥洗室、淋浴室地面不应设台阶，地面应防滑和易于清洗；活动区域不应设置旋转门、弹簧门、推拉门，不宜设金属门；活动室、多功能室的窗台距地面高度不宜大于 0.60m，当窗台面距楼地面高度低于 0.90m 时，应采取防护措施，防护高度应从可踏部位顶面起算，不应低于 0.90m。最后，建筑设备包括给水排水系统、供暖通风和空气调节系统、建筑电气系统等。例如，托儿所、幼儿园建筑应设置饮用水开水炉，宜采用电开水炉。开水炉应设置在专用房间内，并设置防止婴幼儿接触的保护措施；婴幼儿用房宜设置紫外线杀菌灯，也可采用安全型移动式紫外线杀菌消毒设备；托儿所、幼儿园所周界宜设置入侵报警系统、电子巡查系统。

2. 协调一致原则

托幼园所环境创设的目的是通过科学合理的物质环境和精神环境更好地促进婴幼儿身心健康发展，因此托幼园所环境创设要遵循协调一致原则。也就是说，托幼园所的环境创设要与养育照料、保教结合的目标相一致；托幼园所的环境创设要体现室内外环境的一致性。托儿所环境的创设要依据《托育机构保育指导大纲（试行）》，对应婴幼儿的营养与喂养、睡眠、生活与卫生习惯、动作、语言、认知、情感与社会性几个方面，依据乳儿班、托小班和托大班不同的教养计划、教养内容、发展目标进行环境创设和材料投放，做好回应性照料工作。幼儿园环境的创设要依据《3—6 岁儿童学习与发展指南》，对应健康、语言、社会、科学、艺术五大领域，依据小班、中班和大班不同的保教计划、活动内容、活动目标进行环境创设和材料投放。基于以上，科学设置托幼园所学期计划、月计划、周计划，协调统一活动内容与环境主体，才能充分发挥环境育人的作用。

3. 自然美观原则

《3—6 岁儿童学习与发展指南》的艺术领域特别强调培养幼儿感受美、欣赏美、表现美和创造美的能力。除了专门组织实施的艺术类活动及其相关环境能为婴幼儿带来关于"美"的感官刺激外，托幼园所环境的创设，对婴幼儿审美素养的形成更是起到了潜移默化的作用。因此，托幼园所环境的创设要遵循自然美观原则。托幼园所环境创设，要借助大自然和日常生活材料，体现出自然美和生活美；要培养婴幼儿环保理念和环保行为，体现出社会美。托幼园所要借助一定的环境创设知识和技术手段，将环境创设作为一种艺术视觉的表达，让婴幼儿时时刻刻身处艺术美的氛围中。例如，合理运用色彩属性，结合婴幼儿直观形象思维的特点，用简单、鲜艳、明快、活泼的纯色调和甜美的柔和色调进行墙壁环境装饰；合理使用构图方法，在主题墙装饰中体现大小、疏密的对比，体现辅助物体造型与主体造型之间的关系。充分利用家庭和社区资源，

📙 岗课赛证

教资考试考点
简述幼儿园环境创设的原则。

🖋 学习笔记

在携手创设优美的园所物质环境的同时，营造和谐丰富的精神环境，体现园所环境美的内在价值。例如，请家长入园授课，举办各类主题的亲子活动和园外社会实践活动等，带领幼儿感受大自然的美、生活的美、社会的美。

4. 经济实用原则

《托育综合服务中心建设指南（试行）》指出："托育综合服务中心的建设，应贯彻安全、适用、经济、节能、环保的原则。"因此，托幼园所环境的创设要遵循经济实用原则。经济基础和园所条件是环境创设的物质保障，托幼园所的环境创设需要考虑园所自身特点和条件。在经济实用的原则下，托幼园所还应重视环境创设的教育价值。例如，在春天的月主题活动之下，小班幼儿要开展一系列关于认识种子的活动。教师请家长和幼儿共同收集种子并带到幼儿园。活动当天，幼儿带来了花生、黄豆、花籽、果核等各类种子。活动中，幼儿认识、了解了各类种子。活动结束后，教师和幼儿一同对种子进行分类并装入透明瓶子中，将瓶子悬挂在主题墙的一角，形成一道独具特色的风景线。

（二）托幼园所环境创设的途径

托幼园所不同类型的环境，根据其性质特点及维持时间的长短，创设的途径有所不同。

1. 场地、建筑及硬件设施等环境的创设途径

《托儿所、幼儿园建筑设计规范》和《托育综合服务中心建设指南（试行）》对托幼园所的场地、建筑、硬件设施及绿化做出相关建设规定和结构布局要求，一般这类环境可变性和创造性不大。从时间、功能和投入等因素上看，这类环境属于相对稳固的环境，无须教师过多创设。但是，在投入使用过程中，出于实践需要、活动的便利及安全性考虑，多会做局部调整或完善。例如，活动室墙体立角、卫生间踏步、楼梯护角处理，大型游乐设施摆放及其位置调整，游戏场地内沙坑、戏水池、30m跑道、游戏器械等设施的配置、安放，软质地坪铺设，绿化区、种植区、养殖区的创设，活动室功能区划等，都需要教师提供意见或直接创设、完善。[①]

2. 公共区域的门厅、走廊、墙裙等环境的创设途径

托幼园所的公共区域尤其门厅，是园所的明信片，是展示办园文化、办园理念，带给家长和幼儿第一体验感的地方，走廊和公共区域墙裙是反映园所教育内容和教育特点的地方。这类环境的创设在一定时间段内是稳定不变的，创设的途径结合装修采买与自主创设两种形式。例如，门厅的接待区域、走廊地面装饰、墙裙基础装饰等需要通过专业的设计与装修完成，而门厅天棚的吊饰、

---

① 沈建洲.幼儿园教育环境创设［M］.上海：复旦大学出版社，2014：57.

大厅摆件、走廊功能区、墙裙装饰等则需要教师结合学期教养计划及婴幼儿活动需要进行自主创设。一些托育机构将走廊作为婴幼儿的运动活动区，教师会在走廊地面摆放不同难度的平衡木、体能圈、阳光隧道等，以满足婴幼儿钻、爬、跳跃等粗大动作需求，在墙裙嵌入不同主题的精细动作操作板，以满足婴幼儿抓、捏、拨、敲等精细动作需求。一些幼儿园将走廊和墙裙作为教师教学成果和幼儿作品展示的窗口，既美化了环境，又激发了教师与幼儿的积极性和创造性。

3. 活动室主题墙和区域环境的创设途径

托幼园所活动室主题墙和区域环境的创设与婴幼儿一日生活内容和教育活动内容息息相关。活动室主题墙和区域环境的创设途径主要包括装修采买、教师制作、幼儿参与、家园合作等。根据活动主题，教师运用基本的知识和技能进行设计制作，并给予幼儿参与的机会，伴随活动的开展，逐步生成完整的主题墙环境。活动区域划分和主题功能的设计主要由教师完成，区域材料的投放根据玩教具性质和特点部分采买购置，部分家园合作完成。例如，在建构区环境创设中，教师请家长和幼儿收集废旧奶粉桶和牛奶箱；在美工区环境创设中，教师自制折纸步骤图、泥工步骤图、进区规则指示牌等，为幼儿提供多种操作材料。

学习笔记

实践与运用 ▶▶▶

你所在的幼儿园大班要开展科学小实验活动，为此应该如何创设班级墙面环境？依据是什么？

学习效果检测

一、单项选择题

1.（　　）是婴幼儿最常活动的环境。

A. 生活用房　　　　B. 服务管理用房　　　　C. 供应用房　　　　D. 其他

2. 托小班卫生间内应设适合幼儿使用的卫生器具，坐便器高度宜为（　　）米以下。

A. 0.15　　　　B. 0.25　　　　C. 0.35　　　　D. 0.45

云测试

3. 托育机构每班至少设 3 个适合幼儿使用的洗手池，高度宜为（　　　），宽度宜为（　　　）。

A.0.20m ～ 0.25m；0.25m ～ 0.30m　　　　B.0.40m ～ 0.45m；0.35m ～ 0.40m

C.0.60m ～ 0.65m；0.45m ～ 0.50m　　　　D.0.80m ～ 0.85m；0.55m ～ 0.60m

4 托幼园所的幼儿用房应有良好的自然通风，其通风口面积不应小于房间地板面积的（　　　）。

A.1/10　　　　　　B.1/20　　　　　　C.1/30　　　　　　D.1/40

5. 小型托育机构的班级规模是（　　　）。

A.1 个班　　　　　B.2 个班　　　　　C.1 ～ 2 个班　　　　D.1 ～ 3 个班

6. 托幼园所本月活动主题为"夏天的味道"，走廊墙裙和班级主题墙均做了与该主题相关的环境创设，这体现出环境创设的（　　　）原则。

A. 健康安全　　　　B. 协调一致　　　　C. 自然美观　　　　D. 经济实用

二、简答题

1. 简述托幼园所环境创设的文件依据。

2. 托幼园所环境创设的具体依据体现在婴幼儿保育的哪些具体内容中？

3. 简述托幼园所环境创设的原则。

三、论述题

五一劳动节即将到来，你将通过哪些途径对活动室主题墙进行环境创设？

学习评价与反思

单元 四
托幼园所环境创设的理论基础

学习任务单

姓名 _____ 班级 _____ 学习时间 _____

序号	学习任务	学习建议	完成效果		
			自我评价	同伴评价	教师评价
1	理解托幼园所环境创设的教育学和心理学基础理论	选读《陈鹤琴教育思想读本 幼稚教育》中"论幼儿园的环境布置"一节的内容,小组分享"活教育"思想在环境创设中的应用启示			
2	了解托幼园所环境创设的生态学和美学基础理论	尝试用思维导图形式进行总结			
学习反思					

情境描述

在一次以班级为单位的环境布置活动中,鹤琴幼儿园班级教师提前构思,结合美术课程中心的指导,再根据各幼儿的年龄特点、活动室的空间精心创设、布置。各班级教师践行环保理念,尽可能地利用废旧材料,大家合理分工,团结协作,最终,形式各异的主题墙饰、独具特色的功能墙、温馨雅致的家园互动栏、创意无限的区角精彩纷呈,可谓一班一品,各具魅力。

请思考:
托幼园所环境创设需要哪些理论的支撑?

_____

_____

_____

_____

学习驿站

点亮心灯

新征程上，希望你们和全国广大教师以教育家为榜样，大力弘扬教育家精神，牢记为党育人、为国育才的初心使命，树立"躬耕教坛、强国有我"的志向和抱负，自信自强、踔厉奋发，为强国建设、民族复兴伟业作出新的更大贡献。
——习近平总书记2023年9月9日致全国优秀教师代表的信

一、托幼园所环境创设的教育学和心理学基础

（一）托幼园所环境创设的教育学基础

古往今来，中外教育家对环境创设与人的发展进行了全面论述，肯定了环境对人的发展的重要价值，为依托环境的养育照料和保教结合活动提供了指导意见和创设方法，亦奠定了托幼园所环境创设的教育学基础。

孔子首先提出环境对人的发展具有重要意义。他提出"性相近也，习相远也"（《论语·阳货》）的观点，认为人的本性相近，之所以出现差别，乃是因为后天的习染（环境影响）。墨子以染丝为例，说明环境影响的重要性——"染于苍则苍，染于黄则黄，所入者变，其色亦变"，同时十分肯定地指出"士亦有染"（《墨子·所染》）。荀子认为，一个人的成长既要靠自身的不断努力，他称之为"积"，也有赖于环境的影响，他称之为"渐"；确信人的贤与不肖不是由于才性的差异，而是由于所处环境的不同。[1]

我国近现代幼儿教育家陈鹤琴先生认为："教育上的环境，在教育的过程中，起着一定的作用，这是不可否认的。大家都知道，儿童爱模仿，所谓近墨者黑，近朱者赤。毫无疑义，儿童从四周的环境中可以得到教育，因此，我们需要布置环境以充实儿童的生活环境，丰富儿童的学习资料。"[2]陈鹤琴阐述了环境与儿童发展的关系，认为幼稚园环境应该是中国化的，时代化的，包括大自然与大社会，渗透科学性与审美性，环境终究应该为儿童发展服务。围绕环境的创设，陈鹤琴提出了环境的分类和具体方法。他将环境分为游戏的环境、劳动的环境、科学的环境、艺术的环境和阅读的环境。他认为，不同的环境可以带给儿童不同的教育和发展。[3]

意大利幼儿教育家蒙台梭利在其教育理论中提出，现代教育应该强调教师、儿童和环境三个因素，教师和儿童都要与环境发生作用。这里所说的环境应该是个"有准备的环境"。"'有准备的环境'是为了让精神处于胚胎状态的儿童能够顺利成长，创设秩序与智慧等精神食粮的环境。'有准备的环境'其意义并不

岗课赛证

教资考试考点
1.谈谈你对陈鹤琴先生创立的"活教育"理论的理解。
2.在儿童之家，蒙台梭利把"教师"改为"指导员"，有何用意？

---

① 姚利民.中外教育家论教育环境［J］.湖南大学社会科学学报，1993（1）.
② 陈鹤琴.陈鹤琴教育思想读本 幼稚教育［M］.南京：南京师范大学出版社，2012：112–113.
③ 张剑春，刘雄英，陈欣悦等.学前教育专业育人"活环境"创设研究——基于陈鹤琴学前儿童环境教育理论的实践［J］.陕西学前师范学院学报，2021（5）.

仅仅只是简单的环境，而是儿童未来所要面临的世界的方法与手段。"它需要具备的要素包括提供有规律和有秩序的生活环境，给予儿童自主选择的自由，提供真实与自然的环境，营造美的环境与温馨的氛围。①

英国哲学家洛克认为，环境对儿童的成长与发展有深切的影响，尤其是儿童习惯的培养，常受后天环境的主宰。他强调，在儿童美好人性的发展过程中，不可不注意其成长的环境。法国启蒙思想家、哲学家、教育学家、文学家卢梭，德国教育家福禄培尔等，都在自己的研究中揭示了环境对儿童成长和发展的重要性。

瑞吉欧教育是意大利学前教育史上继举世闻名的蒙台梭利教育之后又一重要的幼儿教育模式，它的发展对意大利乃至世界各地的学前教育发展都产生了深远的影响。瑞吉欧教育将环境称为除班级两位真实教师之外的"第三位老师"，充分地将环境创设与幼儿教育相联系。瑞吉欧教育认为，在幼儿园中没有一处环境是无用的，甚至在所有的课程中，环境都要成为重要的配合者。环境不仅是教师教学与幼儿成长的园地，也是幼儿、教师及家长互动交流的平台。瑞吉欧教育总结出环境创设要从幼儿的视角出发，用合理巧妙划分空间的方法，创设适合幼儿探索的工作坊等非常具体、可行的幼儿园环境创设经验。②

（二）托幼园所环境创设的心理学基础

心理学的不同学派对环境因素与人的发展做了相应的研究与论证，普遍强调环境对个体的身心发展具有极为重要的意义。从关注环境的影响作用，到强调主客观互动的价值，这些学派及其理论为托幼园所环境创设提供了实践的方向和切入点，奠定了托幼园所环境创设的心理学基础。

机能主义心理学强调心理、意识是有机体适应环境的产物，认知、行为是人类适应环境的手段；强调早期教育环境对幼儿行为习惯的养成具有重要的意义；主张早期教育的环境要基于理想的、积极的、纯洁的成长进行创设。

行为主义心理学更加强调环境对幼儿的影响和作用。斯金纳是新行为主义的代表人物，他的学说是一种学习理论。该理论认为人的心理是后天环境影响的结果。这种影响就是学习。造就人格的主要方式就是创设特定的成长环境。因此，他提出了一系列关于强化与控制儿童行为的原理，从而据此更充分地利用环境来塑造人的行为习惯与态度。

传统认知心理学中的格式塔心理学强调，人的主观态度与行为决定环境对人的影响程度。格式塔心理学把环境分为地理环境、心理环境、行为环境、整

---

① 孙娓娓.解读蒙台梭利教育中的环境观［J］.潍坊工程职业学院学报，2015（3）.
② 沈建洲.幼儿园教育环境创设［M］.上海：复旦大学出版社，2014：43.

学习笔记

岗课赛证

教资考试考点
新行为主义流派主要的代表及代表性观点是什么？

岗课赛证

教资考试考点
理解并阐述皮亚杰
认知发展理论的核
心概念。

学习笔记

体环境，并认为人的行为主要受环境的影响和制约，既强调环境的影响，也重视人对环境的知觉态度。格式塔心理学认为学习实际上就是知觉的重组，强调刺激情境的整体性和结构性特征。格式塔心理学的完型主义思想对托幼园所环境创设具有较大的指导价值，它对教育者的启示在于，在托幼园所环境创设中要有整体思想，要为幼儿提供各种问题情境，让他们通过知觉和观察，理解其内在的联系或一定的关系，以调动幼儿的主观能动性。例如，应当充分考虑诸如玩教具的设计特点与投放方式对婴幼儿学习活动中知觉过程的影响、环境设计应遵循婴幼儿认知特点等，从而使环境创设发挥应有的作用。

现代认知心理学更注重环境作用的因果性，它从内因、外因的相互作用出发，提出了婴幼儿与环境的相互关系，既有"同化"，又有"顺应"。现代认知心理学认为婴幼儿的成熟正是与环境相互作用的结果。婴幼儿不是被动地接受环境的各种信息，而是在自己的经验背景下，借助环境资源，通过亲身感知、操作体验和思考，逐渐内化形成自己的认知模型。正是自身经历的建构过程，使婴幼儿的认知不断产生新的意义。因此，现代认知心理学更加强调主体的主动建构活动，强调婴幼儿和环境的接触与交流、互动与再造。

精神分析理论，尤其新精神分析理论强调幼年生活经验对个体发展的影响，强调幼儿所处的心理社会环境对个体发展的影响。精神分析理论认为幼年的生活经验和所受影响，对个体一生的心理和人格发展具有极其重要的意义，肯定了幼年生存环境的和谐、丰富对形成健康人格的重要作用。这一思想对当前的托幼园所环境创设仍然具有重大启示价值。托幼园所保教工作者不仅要为婴幼儿创设良好的物质环境，为婴幼儿提供多种尝试的机会，更要重视婴幼儿精神环境的创设，充分尊重、鼓励幼儿，支持他们的创造与自我表达，从而为他们良好人格的形成奠定早期的、重要的基础。[①]

二、托幼园所环境创设的生态学和美学基础

（一）托幼园所环境创设的生态学基础

尤瑞·布朗芬布伦纳于 1979 年提出了著名的生态系统理论。这一理论强调环境作为一个复杂的系统对人的发展的重大影响，认为我们应该在活生生的自然和社会生态环境下研究人的发展。生态系统理论把家庭、学校、社区、社会等环境因素看作一个网络，并认为个体一生都是在这样一个环境网络中发展的。

---

① 沈建洲.幼儿园教育环境创设［M］.上海：复旦大学出版社，2014：42.

个体的发展不是孤立地进行的，而是在与他们的家庭、学校、社区和社会的关系中发展的。我们每一个人都生活在多个环境系统中，与他人和环境之间的交互作用是发展的关键。他将个体放在五个环境系统中进行考察。这五个环境系统分别是微系统、中系统、外系统、宏系统、时间系统。

微系统是成长中的个体最直接接触着和产生着体验的环境。个体的微系统环境主要包括家庭、学校、社区、同伴和玩耍地等。如果一个系统没有在相当长的时间内与个体有直接的互动，就不能被认为是微系统。因此，处于微系统中的人们对个体有着最直接的影响。而在受微系统环境影响的同时，个体也会对环境产生反作用。个体和微系统环境之间的影响是双向的。

中系统指两个或者多个微系统环境之间的相互联系和彼此作用，这些微系统环境包括发展着的个体。例如，家庭和学校的关系、学校和社区的关系、家庭和同伴的关系等都属于中系统。换句话说，中系统就是由微系统环境所组成的系统。

外系统是指那些个体并未参与其中，却对个体有影响的环境以及这些环境之间的联系与相互作用。在这些环境系统中，至少有一个不包括发展着的个体。比如，父母的工作环境、社区的健康服务、社会福利制度等。虽然外系统不对个体直接起作用，但是外系统会影响个体所生活的、能够直接接触的环境，进而影响个体的发展。

宏系统是指个体所处的整个社会组织、机构和文化、亚文化背景，比如，社会文化、习俗、法律、社会伦理、道德、价值观等，它涵盖了前面所讲的微系统、中系统和外系统，并对它们产生作用，施加影响。宏系统中的种种要素都会作用于其他各个系统的各种环境，进而影响个体的心理发展。

时间系统是指个体的生活环境及其相应的种种心理特征随时间推移所具有的变化性以及相应的恒定性。这些变化既可以由外部环境如兄弟姐妹出生、父母离异、亲人死亡等引起，也可以由个体内部如进入青春期、患重病等所引起。不管是由什么引起，这种变化都改变个体与环境之间的关系，并由此引发个体心理上的发展性变化。[①]

托幼园所作为微系统，对婴幼儿身心发展的影响是巨大的。托幼园所应利用环境中的有利因素为婴幼儿创设良好的生态环境，增加婴幼儿与更多生态系统的沟通与互动，同时还要预防环境中的不利因素对婴幼儿产生消极的影响。

---

① 高秀苹.生态系统理论的创始人——布朗芬布伦纳［J］.大众心理学，2005（5）.

学习笔记

（二）托幼园所环境创设的美学基础

美是美学最重要的范畴之一，是对能引起人们美感的客观事物的共同本质属性的抽象概括，是所有构成人们审美对象的事物的总和。[①]创设托幼园所环境，营造美的视觉环境和内在价值，可以激发婴幼儿审美感知能力，促进其审美发展。

1. 个体审美发展的必经之路是审美教育

皮亚杰对儿童认知结构的发生学研究，深刻影响了审美教育的研究。于是，与认知发展相对应，人们提出了审美发展和道德发展的概念。关于审美发展，学者们的观点有所不同。美国哈佛大学加德纳提出"儿童艺术品知觉发展阶段论"，主要研究"儿童审美感知敏感性"，英国学者瑞德认为审美发展是个体的一种"情感认知力"的发育成长，两位学者窄化了个体的审美发展；英国学者威特金认为"审美发展是对世界的欣赏力的发展，是一种关联事物的意识"，概括则过于宽泛。

我国学者叶朗认为，个体审美发展即个体审美感性能力和经验的发生与成长。从定性分析的角度看，个体审美发展包括审美态度、审美直觉感兴力和审美趣味。审美态度是审美活动得以进行的前提，并非天生就有，而是审美教育的结果。4～7岁的儿童，一般尚未形成审美态度，他们往往以实用而不是审美的态度来对待客体，在审美与非审美之间不能做出正确的区分。如他们会把画在墙面上的动物当作有生命的真实动物。审美直觉感兴力是审美活动得以开展的基础或能力，是审美发展的主要内容，一般包括审美知觉、审美想象和审美领悟等多种能力，它是一种在特殊情感体验状态下体现审美创造性的认知能力或敏感性。审美趣味主要表现为个体的审美偏爱、审美标准和审美理想。审美偏爱的成熟，表现为兴趣的专一性与兴趣的可塑性之间的一种张力平衡关系。审美标准是个体在审美实践中形成的审美判断的尺度，也就是个体对审美客体好坏品级理解的某种参照物。审美心理学的研究表明，学龄前儿童的审美偏爱是飘忽不定的，他们几乎没有什么审美标准。伴随年龄的增长，了解的文化艺术知识愈来愈丰富，接触的艺术作品愈来愈多，他们的审美偏爱和审美标准也逐渐形成。随着审美偏爱和审美标准的形成，个体的审美理想也逐渐形成。审美理想是个体的一种理性观念，是个体在审美活动中的追求和期待。它不仅影响着审美偏爱和审美标准，更主要的是它指导和激励主体在审美活动中奔向人

学校体育、美育工作是立德树人、培根铸魂的事业，对于培育和践行社会主义核心价值观、坚定"四个自信"具有重要功能；对于发展素质教育、提高学生身体素养和审美与人文素养具有重要作用；对于提升国民综合素质、增强中华民族创新创造活力具有重要意义。

---

① 余清逸.实用语文知识词典［M］.南京：南京大学出版社，1988：463.

性的完善。[①]

2. 审美教育的实施原则

审美教育作为教育的分支，既要遵循教育活动实施的一般原则，如理论联系实际、因材施教、循序渐进等，又要体现审美教育的特殊性，遵循协调性原则、场效应原则、诱导性原则和阶段性原则。

（1）协调性原则

审美教育的协调性原则，是指在美育实施过程中，必须注意美育与智育、德育等其他教育的相互关联，以求得美育与其他教育之间的协调。当代心理学已经证实，个体理性认知能力、道德判断能力和审美感兴能力的成长，是同步发展的。例如，皮亚杰认为，儿童在2～7岁时，从抽象思维发展看是处于"前运算阶段"。这一时期的特征是儿童开始掌握符号，并以此为中介来描述外部世界。并且，儿童的概念此时还停留在具体概念水平上，抽象概念尚未出现。加德纳认为，从审美感兴能力发展看，儿童也处于"符号认知阶段"，儿童开始认知各种不同的艺术符号（语言、图形、音响等）。同时，在这一时期，与抽象思维发展处在具体概念水平上相一致，儿童审美知觉完全受到写实的"再现规则"束缚，始终把艺术作品与再现对象的相似程度作为评判根据，因而不具备欣赏抽象艺术的能力。由此可以看出，审美能力的发展轨迹和其他能力的发展轨迹有近似平行的关系。这就要求施教者兼顾不同教育之间的影响关系，协调不同的教育，抓住各阶段的最佳契机，以获得最好的教育效果。

（2）场效应原则

"场"是一个物理学概念，原意是指在多种引力或排斥力作用下由诸多分子运动所构成的系统。"场"概念的内涵指明，一个场是由多种引力和排斥力构成的，"审美场"也是这样的。个体的审美敏锐力和审美鉴赏力的提高，他的趣味的健康发展，都不可能在某种单一的、封闭的、被严格选择和规定的范围内获得。"审美场"是由各种形态的美、各种风格的艺术、各种门类的艺术、不同的审美场所、不同的审美方式综合而成的。它是环绕着审美个体的一种审美环境。要实现审美场效应原则，就要充分利用各种渠道和方式来实施审美教育，营造良好的美育环境；还要根据个体审美发展的不同阶段的特点，在一段时期内，以某种类型的艺术为中心，在学校课堂教育的基础上，将各种渠道的审美教育串联起来，构成一个具体的审美教育场。

[①] 叶朗.现代美学体系［M］.北京：北京大学出版社，1999：305-310.

（3）诱导性原则

由于审美教育具有体验性、娱乐性、自发性和主动性等特征，因此审美教育需要在诱导过程中，让受教育者自己产生深切的情感体验，并在这种体验中感受到某种愉悦，从而在内心唤起某种强烈的兴趣和主动性，自觉自愿地投入受教育过程。实施这一原则，要采用各种形式和手段，激起受教育者对这种特殊教育的浓厚兴趣；要使受教育者成为审美活动的参与者，而不是旁观者；要充分注意到受教育者的个性特点。

（4）阶段性原则

个体的审美发展是一个完整的过程。一个人从出生到老死，一生都经历着审美发展。然而由于人的生理和心理在一生的不同时期具有不同的特点，所以个体的审美发展也就呈现出阶段性。加德纳的"儿童艺术品知觉发展阶段论"将儿童从出生到青年期（20岁）的审美感知划分为五个阶段，包括婴儿的感知（0～2岁）、符号的认识（2～7岁）、"写实主义"的高峰（7～9岁）、"写实主义"高峰的衰退和审美感受性的出现（9～13岁）、审美专注的危机期（13～20岁）。其中，感知阶段，2岁内的婴幼儿一般感知能力和审美感知能力还没有分化，艺术品是作为一般的刺激物呈现的，只起到促进儿童一般感知能力发展的作用。符号的认识阶段，儿童对一些美术作品表现出明显的偏爱：一种是具有明显亮色彩的美术作品，一种是表现孩子喜欢的事物的美术作品，一种是最像它所表现的事物的美术作品。[①] 审美教育阶段性原则的核心是审美教育的有序性和渐进性。有序性指审美教育各阶段是按照个体身心发展的梯次有序构成的，有某种顺序关系和前后位置，不可倒错。渐进性指个体审美能力是逐渐提高和发展的，只有在前一阶段的基本目标达到后，才能过渡和上升到更高的阶段。[②]

个体审美发展与教育的相关理论基础再次强调婴幼儿发展中良好托幼园所环境创设的意义和价值。以婴幼儿为出发点，进行园所环境创设，不只是进行物质环境的布置，更需要融入审美设计理念，践行审美教育原则，通过环境的创设达到审美教育的目的，促进个体审美发展与认知、语言、社会性等发展协调一致。

---

① 张奇.儿童审美心理发展与教育［M］.北京：北京师范大学出版社，2000：192–193.
② 叶朗.现代美学体系［M］.北京：北京大学出版社，1999：320–326.

◀ **实践与运用** ▶▶▶

如何在托大班的环境创设中体现审美教育的实施原则？

___

___

___

___

学习效果检测

云测试

一、单项选择题

1. 创建"活教育"体系的教育家是（　　）。（2012年下半年教师资格考试《保教知识与能力》）

A. 陈鹤琴　　　　　B. 福禄培尔　　　　　C. 杜威　　　　　D. 蒙台梭利

2. 我国第一位提出环境对人发展具有重要意义的教育家是（　　）。

A. 孔子　　　　　B. 墨子　　　　　C. 荀子　　　　　D. 老子

3. 以下（　　）是陈鹤琴关于环境创设的观点。

A. 性相近也，习相远也。

B. 我们需要布置环境以充实儿童的生活环境，丰富他的学习资料。

C. 要为儿童提供"有准备的环境"。

D. 染于苍则苍，染于黄则黄，所入者变，其色亦变。

4. 尤瑞·布朗芬布伦纳提出的个体最直接接触的环境是（　　）。

A. 微系统　　　　　B. 中系统　　　　　C. 外系统　　　　　D. 宏系统

5. 加德纳的"儿童艺术品知觉发展阶段论"体现出审美教育的（　　）原则。

A. 协调性　　　　　B. 场效应　　　　　C. 诱导性　　　　　D. 阶段性

二、简答题

1. 简述蒙台梭利提出的"有准备的环境"。

2. 简述尤瑞·布朗芬布伦纳生态系统理论。

3. 简述审美教育的实施原则。

三、论述题

1. 下图是大班美工区的一个墙面环境设计，请分析它对促进幼儿学习的积极作用。（2013年上半年教师资格考试《保教知识与能力》）

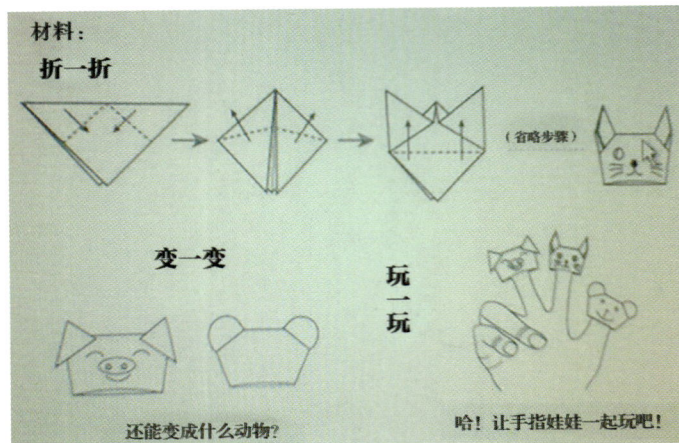

2. 作为幼儿教师，如何在保教活动中营造良好的心理氛围。（2017年上半年教师资格考试《保教知识与能力》）

学习评价与反思

托幼园所公共环境创设

1. 了解托幼园所精神环境和物质环境的内涵。

2. 掌握托幼园所户外公共环境与室内公共环境创设的理论知识，并能根据托幼园所实际需求进行合理规划与创设。

3. 树立积极的审美观和育儿观，营造健康、和谐、美好的托幼园所公共环境氛围。

学习导航

托幼园所公共环境创设

托幼园所公共环境创设
与婴幼儿身心健康

托幼园所户外公共环境
与室内公共环境创设

托幼园所精神环境与婴幼儿心理健康

托幼园所物质环境与婴幼儿身心健康

托幼园所户外公共环境创设

托幼园所室内公共环境创设

1. 由于条件有限，一些偏远地区的托幼园所户外活动环境较为单一，你认为它们应该如何结合地域特色创设良好的户外活动环境？

2. "托幼园所公共环境创设物资投入越多，环境氛围就越好。"你赞同这个观点吗？为什么？

互动交流：

学习导入

本周学校安排 2021 级学前教育专业学生到当地幼儿园进行实习交流。同学们在实习指导教师的带领下准时到达了幼儿园。第一次入园，同学们非常兴奋。大家看到幼儿们正在进行户外活动：有的幼儿在攀爬架上练习攀爬，有的幼儿在玩球区投掷沙包，还有的幼儿在利用纸箱、呼啦圈等做游戏……幼儿们玩儿得不亦乐乎。实习指导教师给同学们布置了一个任务，要求大家结合自己所学的理论知识，记录幼儿园户外活动环境布置中的特色、亮点以及存在的问题，并提出自己的观点和建议。

单元 一
托幼园所公共环境创设与婴幼儿身心健康

学习任务单

姓名 ＿＿＿＿＿＿＿　　班级 ＿＿＿＿＿＿＿　　学习时间 ＿＿＿＿＿＿＿

学习任务	学习建议	完成效果		
		自我评价	同伴评价	教师评价
托幼园所公共环境中的精神环境重要还是物质环境重要？说一说你的理由	1. 了解精神环境和物质环境的内涵 2. 分析托幼园所精神环境与婴幼儿心理健康的关系 3. 分析托幼园所物质环境与婴幼儿身心健康的关系			
学习反思				

情境描述

　　豆豆是这个月刚转入托班的一个小男孩，从年龄和身高上来讲，他是班上最小最矮的小朋友。豆豆刚进班时感觉既害怕又陌生，但是这些情绪在入园几天后就渐渐消失了，原因在于陪伴他的是一群小哥哥和小姐姐。孩子们从老师的口中知道豆豆是"小弟弟"，他的出现让孩子们变得有些不一样了：豆豆因为想妈妈哭泣时，欣欣会主动抱抱他，并把自己的玩偶给他玩儿；户外游戏时，大家都会主动牵着豆豆的小手……

　　请思考：

　　1. 托幼园所的精神环境会对幼儿身心健康发展产生潜移默化的影响。你认为什么样的精神环境有利于培养幼儿良好的行为习惯？

　　2. 托幼园所精神环境和物质环境创设的要求有哪些？

岗课赛证

岗位认知

"敬教劝学，建国之大本；兴贤育才，为政之先务。"教育是民族振兴、社会进步的重要基石，对提高人民综合素质、促进人的全面发展、增强中华民族创新创造活力、实现中华民族伟大复兴具有决定性意义。《幼儿园教育指导纲要（试行）》指出："环境是重要的教育资源，应通过环境的创设和利用，有效地促进幼儿的发展。"作为一名学前教育专业的学生，应明确托幼园所良好的公共环境对于促进婴幼儿成长和发展的重要作用。我们应就婴幼儿身心发展的特殊需要对环境进行有目的、有计划的创设，使之更符合幼儿身心成长，有利于其知识建构和生活经验的获取，有助于其观察能力、思维能力和创造能力的培养。我们还应将思政元素融入其中，在掌握专业知识技能的同时，不断提高专业素养，努力成为一名爱党、爱国、爱人民，爱岗敬业，有教育情怀的新时代学前教育工作者。

学习笔记

学习驿站

良好的托幼园所公共环境是促进婴幼儿身心健康发展的重要条件。托幼园所公共环境有广义和狭义之分。其中广义的托幼园所公共环境是园所内活动开展、教育推进的一切条件的总和；而狭义的托幼园所公共环境则是婴幼儿在托幼园所内在相对公共的环境中身心发展的物质条件和精神条件，对婴幼儿身心健康发展至关重要。

通俗来说，凡是儿童可以接触的、观察的、感知的公共环境要素，都可以被称为托幼园所公共环境。良好的公共环境能够促进婴幼儿全面发展。按照教育环境的性质可以将托幼园所公共环境概括为精神环境和物质环境两个方面。

一、托幼园所精神环境与婴幼儿心理健康

（一）托幼园所精神环境的内涵

托幼园所精神环境是指在托幼园所内对婴幼儿身心发展产生影响的一切精神因素的总和，主要包括托幼园所的办所理念，婴幼儿教师的语言、行为与教育观念，伙伴关系与师幼关系，托幼园所的文化氛围等。

精神环境反映了托幼园所整体的环境氛围、人际关系以及精神面貌等精神要素。（见图 2-1）

岗课赛证

2022 年全国职业院校技能大赛——"学前教育专业教育技能"的赛项规程在"技术规范"中明确指出："理解我国学前教育目标与内容的基本观点；掌握幼儿园环境的概念、作用与创设方法；了解幼儿园生活活动、游戏与教学的基本观点；珍视游戏和生活的独特价值，重视环境和游戏对幼儿发展的独特作用，创设富有教育意义的环境氛围，将游戏作为幼儿的主要活动。创设丰富的教育环境，合理安排一日生活，重视丰富幼儿多方面的直接经验，将探索、交往等实践活动作为幼儿最重要的学习方式。"

图 2-1　托幼园所精神环境

（二）托幼园所精神环境对婴幼儿心理健康的影响

托幼园所精神环境能够陶冶婴幼儿的情操，影响婴幼儿的性格、情感以及认知等，在婴幼儿成长过程中发挥着重要作用，对婴幼儿心理健康发展有着深远的影响。

托幼园所精神
环境与婴幼儿
心理健康

1. 和谐的师幼关系促进婴幼儿健康心理的形成

在托幼园所内，托育人员、教师与婴幼儿之间的关系是最主要的人际关系。托育人员和教师是婴幼儿在托幼园所内的情感依托，是婴幼儿身心健康的重要保障。其中，婴幼儿是师幼关系中的主体，托育人员和教师是师幼关系中的主导。和谐的师幼关系能够促进婴幼儿的全面发展。一方面，婴幼儿在与托育人员、教师的互动、交流中能够感受到托育人员和教师的情绪、情感，并在这种关系中不断成长、发展；另一方面，托育人员、教师与婴幼儿间的互动、交流会影响其教育教学观念、态度、行为以及认知方式。

和谐的师幼关系能够帮助婴幼儿适应环境变化。婴幼儿从家庭进入托幼园所，常常伴随着环境焦虑和分离焦虑。帮助婴幼儿适应环境的变化，安抚婴幼儿的焦虑情绪，建立和谐的师幼关系，对婴幼儿身心健康成长意义重大。

婴幼儿的成长与发展离不开和谐的师幼关系。在托幼园所中，婴幼儿的健康成长伴随着托育人员、教师对他们的关注与尊重。托育人员、教师通过了解婴幼儿个性特征，观察婴幼儿行为，走进婴幼儿内心，逐步帮助其建立对托幼园所环境的信任，进而促进婴幼儿的成长与发展。

2. 友好的伙伴关系促进婴幼儿健康心理的完善

伙伴关系是婴幼儿在托幼园所中通过与年龄相近的婴幼儿交流、互动而形成的一种相互协作、相互帮助、共同进步的人际关系，简单来说，即婴幼儿与托幼园所内伙伴在交往过程中建立的友好互动关系。友好的伙伴关系能够促进婴幼儿健康心理的完善，在婴幼儿成长中具有特殊的意义。

友好的伙伴关系会给婴幼儿带来积极、愉快的体验，有利于婴幼儿在交往过程中形成乐观、活泼、向上的人格。托育人员和教师应该尊重婴幼儿的个性特点与年龄差异，鼓励、引导婴幼儿建立友好的伙伴关系，推动婴幼儿健康心理的完善。

3. 良好的文化氛围促进婴幼儿健康心理的发展

托幼园所文化氛围是婴幼儿健康发展的基础。良好的文化氛围则以和谐的师幼关系、友好的伙伴关系以及园所的发展理念为前提。文化氛围的建设既要全面照顾婴幼儿的需要，更要将婴幼儿的心理健康与托幼园所的物质环境有机地联系起来，以物质环境带动精神环境，最大限度地发挥环境对婴幼儿的积极作用，最终形成更加和谐、友好的托幼园所环境氛围。

二、托幼园所物质环境与婴幼儿身心健康

（一）托幼园所物质环境的内涵

托幼园所物质环境是指在托幼园所内对婴幼儿发展产生影响的所有物质因素的总和，包括托幼园所的装修与装饰、具有文化特色的环境布置、婴幼儿学习和游戏的设备材料等托幼园所物理空间环境。总之，物质环境涵盖了托幼园所整体建筑、家具设备、玩教具、室内外装饰与布置等物质要素。（见图2-2）

图 2-2　托幼园所物质环境

（二）托幼园所物质环境对婴幼儿身心健康的影响

托幼园所的物质环境与婴幼儿的发展是相互影响、互为补充的互动关系。婴幼儿在接触物质环境过程中，不仅提升了自身的认知能力，同时也重塑了物质环境。处于适合婴幼儿发展的物质环境中，婴幼儿与环境之间的交流就会产生正面而积极的影响。

1. 托幼园所物质环境为婴幼儿提供环境支持

托幼园所的物质环境是婴幼儿身心发展的基础，为婴幼儿身心发展提供保障。

在物质环境中，园所空间是婴幼儿成长的首要条件。整体空间环境的舒适、明亮、宽敞、安全，支持了婴幼儿在良好的物质环境中发展的需要，激发了婴幼儿游戏与学习的兴趣，促使其产生愉悦的情感和情绪。

在空间布置上，园所绿化、区域设置与器材配置为婴幼儿发展提供了基础条件。一方面，合适的绿化植物满足了婴幼儿的感官需求；另一方面，丰富的器材与游戏材料满足了婴幼儿的探索需求。

公共环境是促进婴幼儿发展的重要因素。公共环境创设要呈现出立体化、适幼性和动态化的效果。呈现效果立体化，即充分利用园所公共区域墙面、地面、吊顶等，展现丰富的环境创设内容；呈现方式适幼性，即采用的展示方式要考虑婴幼儿需求，甚至部分区域可以采用互动的形式；呈现内容动态化，即环境布置要随游戏与互动内容、季节特点、园所文化适当调整与变化。

2. 托幼园所物质环境促进婴幼儿发展

（1）提升婴幼儿的认知能力

婴幼儿的认知能力即婴幼儿对周围环境进行加工、处理的能力。实验表明，婴幼儿在与环境的相互作用中，认知能力逐步发展。因此，托育人员和教师可以利用园所物质环境，有意识地将教育理念渗透到环境创设中，以提升婴幼儿认知能力，促进婴幼儿全面发展。

（2）引导婴幼儿主动探究

托幼园所物质环境创设是在一定教育理念指导下进行的。这种物质环境创设符合婴幼儿的认知发展水平，能够引导婴幼儿主动探索周围的物质世界。

（3）提高婴幼儿的审美能力

婴幼儿的审美能力受到各方面的影响。婴幼儿审美能力既包含对美好事物的感受能力、欣赏能力，又包含对美好事物的创造能力。在托幼园所内，物质环境布置要注重细节的规划和设计，通过色彩、形态、形式的美影响婴幼儿，促进婴幼儿审美能力的提升，进而促进婴幼儿身心发展。

学习笔记

◎ 实践与运用 ▶▶▶

托幼园所如何开展促进幼儿身心健康的活动？

学习效果检测

云测试

一、单项选择题

1.托幼园所活动室墙饰的高度首先要注意的是（   ）。

A.幼儿的身高　　　　B.教师的身高　　　　C.家具的高度　　　　D.房屋的高度

2.（   ）影响着托幼园所的精神风貌，对婴幼儿和教师都有着潜移默化的影响。

A.托幼园所的建筑　　　　　　　　　B.托幼园所的环境

C.托幼园所的师资　　　　　　　　　D.托幼园所的课程

3.关于托幼园所游戏互动区的布置，下列说法正确的是（   ）。

A.以阅读为主的图书区可以和角色扮演区放在一起

B.自主选择游戏环境的创设是由教师主导的

C.在积木区可以投放一些玩偶、交通工具模型等辅助材料

D.娃娃家应该是完全开放的，让每个人都能看到里面的内容

4.在托幼园所公共环境创设中，使用易于识别的生活行为规则标识图，其最主要的目的是（   ）。

A.美化环境　　　　　　　　　　　　B.便于婴幼儿看图说话

C.便于婴幼儿认识各种符号　　　　　D.便于婴幼儿习得生活技能和行为准则

二、多项选择题

1.良好的托幼园所环境能够激发婴幼儿主动学习与探索的兴趣，促进婴幼儿全面发展。因此，按照教育环境的性质可以将托幼园所公共环境概括为（   ）和（   ）两个方面。

A.精神环境　　　　B.文化氛围　　　　C.物质环境　　　　D.教育理念

2.托幼园所精神环境是指在托幼园所内对婴幼儿身心发展产生影响的一切精神因素的总和。主要包含（   ）等。

A.托幼园所的办所理念　　　　　　　B.婴幼儿教师的语言

C.教师的行为与教育观念　　　　　　D.伙伴关系与师幼关系

3.托幼园所文化氛围是婴幼儿健康发展的基础。良好的文化氛围则以（   ）、（   ）以及（   ）为前提。

A.先进的物资设备　　　　　　　　　B.和谐的师幼关系

C.友好的伙伴关系　　　　　　　　　D.园所的发展理念

4.托幼园所物质环境对婴幼儿的发展有哪些影响？（   ）

A.提升婴幼儿的认知能力　　　　　　B.引导婴幼儿主动探究

C.提高婴幼儿的审美能力　　　　　　D.提高婴幼儿的心理健康水平

5. 托幼园所公共环境是促进婴幼儿发展的重要因素。公共环境创设要呈现出（   ）、（   ）和（   ）的效果。

A. 立体化   B. 适幼性   C. 动态化   D. 静态化

三、判断题

1. 广义的托幼园所公共环境是园所内活动开展、教育推进的一切条件的总和。（   ）

2. 凡是儿童可以接触的、观察的、感知的公共环境要素，都可以被称为托幼园所公共环境。（   ）

3. 物质环境反映了托幼园所整体的环境氛围、人际关系以及精神面貌等精神要素。（   ）

4. 托幼园所精神环境能够陶冶婴幼儿的情操，影响婴幼儿的性格、情感以及认知等，在婴幼儿成长过程中发挥着重要作用，对婴幼儿心理健康发展有着深远的影响。（   ）

5. 托育人员和教师是师幼关系中的主体。（   ）

四、填空题

1. 在托幼园所内，托育人员、教师与＿＿＿＿＿＿＿＿之间的关系是最主要的人际关系。

2. 托育人员和教师是婴幼儿在托幼园所内的情感依托，是婴幼儿＿＿＿＿＿＿＿＿的重要保障。

3. 婴幼儿从家庭进入托幼园所，常常伴随着＿＿＿＿＿＿＿焦虑和＿＿＿＿＿＿＿焦虑。

4. ＿＿＿＿＿＿＿＿是婴幼儿在托幼园所中通过与年龄相近的婴幼儿交流、互动而形成的一种相互协作、相互帮助、共同进步的人际关系。

5. 托育人员和教师应该尊重婴幼儿的个性特点与年龄差异，鼓励、引导婴幼儿建立友好的＿＿＿＿＿＿＿＿，推动婴幼儿健康心理的完善。

五、简答题

1. 简述托幼园所精神环境与婴幼儿心理健康的关系。

2. 简述托幼园所物质环境的内涵。

3. 托幼园所公共区域环境创设要呈现出怎样的效果？

六、论述题

什么是幼儿园环境？为什么幼儿园教育中要强调创设良好的幼儿园环境？请联系实际说明。（2017 年下半年教师资格考试《保教知识与能力》）

学习评价与反思

单元 二
托幼园所户外公共环境与室内公共环境创设

学习任务单

姓名 _____   班级 _____   学习时间 _____

学习任务	学习建议	完成效果		
		自我评价	同伴评价	教师评价
尝试为自己所实习的幼儿园设计一份托幼园所公共环境创设方案	1. 将所在托幼园所的公共环境进行分类 2. 分析其创设效果，找出存在的问题 3. 结合存在的问题，设计一份托幼园所公共环境创设方案			
学习反思				

情境描述

　　阳光实验幼儿园组织开展了一次以"春天来了"为主题的室内公共环境创设比赛。大二班的苗苗老师购买了很多手工材料，每天下班后都一个人加班布置到很晚……而小一班的菲菲老师则组织幼儿开展了一次以"春天来了"为主题的绘画活动，并引导幼儿将绘制的五颜六色的花儿剪下来，还与幼儿一起将花儿们粘贴在主题墙上。很快，主题墙上出现了一片五颜六色的花海，顿时，春天的氛围感十足，效果非常好！幼儿们在自己创设的花海主题墙下拍照合影……

　　请思考：

　　1. "托幼园所公共环境创设应该基于幼儿的视角，遵循以幼儿为主体的原则。"你赞同这个观点吗？说一说你的理由。

　　2. 托幼园所室内公共环境创设在进行位置规划和空间规划时应该注意哪些问题？

学习驿站

托幼园所公共环境

一、托幼园所户外公共环境创设

（一）托幼园所户外公共环境

托幼园所户外公共环境除园所的露天场地与环境，还包括园所大门、园所院落围墙及楼体外墙、园所绿化与景观设计区、园所游戏区与活动区等区域，是婴幼儿参与户外游戏和体育活动的主要场所。托幼园所户外公共环境的布局、设施可以较直观地反映园所理念及教育方式。科学合理的托幼园所户外公共环境对于婴幼儿身心健康发展有着至关重要的作用。

1. 园所大门、院落围墙及楼体外墙

园所大门是托幼园所形象的最直观表现，园所院落围墙及楼体外墙则是托幼园所整体形象与教育理念的展示空间（见图 2-3）。园所大门与院落围墙及楼体外墙充分展示了园所的特色。

图 2-3　具有园所特色的院落围墙

有效设计园所大门，合理规划院落围墙及楼体外墙，营造适宜婴幼儿发展的园所氛围，可以鼓励婴幼儿与园所户外环境产生积极互动，培养婴幼儿自主发展的潜质，促进婴幼儿身心健康发展。

2. 园所绿化与景观设计区

园所绿化与景观设计在园所环境创设中是非常重要的。不同植物的栽培与种植，不仅能丰富园所户外环境的层次，营造出不同的园所风格，而且能培养婴幼儿感受美、欣赏美、创造美的能力，进而促进婴幼儿全面发展。

一般来说，园所绿化和景观设计区包括花草种植区、长廊凉亭、园区道路、池塘泳池等。通过不同形式的搭配与设计，在保证婴幼儿安全的前提下，选用不同材质、不同风格的材料与不同品种的植物，与园所内其他建筑相互协调配合，可以满足婴幼儿的个性化需求，兼顾欣赏性与教育性。

3. 园所游戏区与活动区

园所游戏区与活动区是婴幼儿学习、发展的主要空间。在游戏与活动的过程中，婴幼儿不断挑战自我，锻炼体能，其想象能力、创造能力及合作能力均得到发展。

（二）托幼园所户外公共环境规划

户外公共环境是托幼园所物质环境的重要组成部分，是婴幼儿最喜欢的游戏环境之一。《托育机构管理规范（试行）》指出："托育机构应当保证婴幼儿每日户外活动不少于 2 小时，寒冷、炎热季节或特殊天气情况下可酌情调整。"在户外公共环境中，婴幼儿可以充分享受自然资源：在草地上翻滚嬉戏，在小树林间自由穿梭，在花园中观察植物的生长，在池塘边了解小鱼游泳的姿态，其身心得到全面放松。

所以，在进行托幼园所户外公共环境的规划时，要考虑婴幼儿身心发展特点，提供丰富的物质材料，营造和谐的精神环境，以真正满足婴幼儿健康发展的需要。表 2-1 为托幼园所选址规划要求及注意事项。

表 2-1　托幼园所选址规划要求及注意事项

建设原则	托育机构的建设必须在坚持依法依规的前提下，符合幼儿生理和心理成长规律，确保安全卫生第一，做到功能完善、配置合理、绿色环保。	
规划布点	应根据当地街道、乡镇的发展规划和实际需求，结合社区人口发展趋势、城市交通、环境等因素综合考虑，合理布点及规划托育机构的规模。托育机构（不含托育点）服务半径宜为 300m ～ 500m。	
选址原则	（一）托育机构应设置在地质条件好、环境适宜、空气流通、日照充足、交通方便、场地平整干燥、排水通畅、基础设施完善、周边环境适宜、邻近绿化带、符合卫生和环保要求的宜建地带。	
	（二）四个班及以上的建筑应独立设置。三个班及以下时，可与居住、养老、教育、办公建筑合建，但应符合右侧规定。	1. 合建的既有建筑应经有关部门验收合格，符合抗震、防火等方面的规定，其基地应符合《托儿所、幼儿园建筑设计规范》3.1.2 条的规定。
		2. 应设置独立的疏散楼梯和安全出口。
		3. 出入口处应设置人员安全集散和车辆停靠的空间。
		4. 应设独立的室外活动场地，场地周围应当采取安全隔离措施。
		5. 建筑出入口及室外活动场地范围内应采取防止物体坠落措施。

注：本表参考了《托育机构设置标准（试行）》《托儿所、幼儿园建筑设计规范》《上海市 3 岁以下幼儿托育机构管理暂行办法》《深圳市托育机构设置指南》等文件。

1. 户外公共环境规划

（1）区域规划

托幼园所户外公共环境按照婴幼儿运动量的大小，可以分为静态游戏区、动态游戏区；按照活动功能，可以分为攀岩区、钻爬区、戏水区、园艺区等；按照活动性质，可以分为运动游戏区、技能游戏区、社会游戏区、种植区等；按照活动人数的多少，可以分为集体活动区、小组活动区和个人活动区；等等。

在规划托幼园所户外公共环境区域时，一方面要从园所实际出发，进行合理恰当的区域规划；另一方面要以婴幼儿需求为目的，满足婴幼儿进行集体户外活动和个性化户外活动的需要。

（2）空间规划

园所的个体差异导致不同园所户外空间利用上的差异。《托儿所、幼儿园建筑设计规范》指出："幼儿园每班应设专用室外活动场地，人均面积不应小于 $2m^2$"；"托儿所室外活动场地人均面积不应小于 $3m^2$"，"城市人口密集地区改、扩建的托儿所，设置室外活动场地确有困难时，室外活动场地人均面积不应小于 $2m^2$"。在进行空间规划时，要根据园所的建筑特色、教育理念，因地制宜、因人而施，合理地规划园所户外空间。

《托儿所、幼儿园建筑设计规范》规定，"托儿所、幼儿园场内绿地率不小于30%"。园所在保证绿地率的基础上，要充分利用现有空间的特点，善于发掘户外区角，并加以规划。若园所户外空间较小，一方面在保证婴幼儿安全的前提下，可以增加纵向的户外空间利用率；另一方面园所可以采用错峰的方式开展相应的活动。

2. 户外环境规划要求

（1）重视婴幼儿的安全

安全是托幼园所户外环境规划的首要问题，需要在规划时高度重视、充分考虑。《托育机构设置标准（试行）》指出："托育机构应当设有室外活动场地，配备适宜的游戏设施，且有相应的安全防护设施。"在户外活动中，婴幼儿常常伴有大肢体动作，如跑跳、攀爬等，其身体受到伤害的概率更大。因此，在进行户外环境规划时，要统筹考虑物品、玩具和设施的安全性，在保障婴幼儿安全的同时，促进婴幼儿身心全面发展。

在材料设置方面，要充分考虑细节。例如，设施设备要置于塑胶、沙质的软性地面上，放置的区域要便于保育员和教师进行观察；大型设备四周要有相应的安全防护设施；等等。

在安全排查方面，要建立定期巡检制度。例如，检查设施设备的结构是否完好，材料周围有无尖锐或其他可能伤害婴幼儿的物品，等等。

学习笔记

（2）选择适宜的材料

适宜性指园所户外环境材料和环境的布置要符合婴幼儿身心发展规律。可以根据不同年龄段婴幼儿的需求规划适合的设备，优化园所区域布局。通过材料和环境，引发婴幼儿参与活动的兴趣，激发婴幼儿的主动性、探究性和好奇心。

（3）注重游戏的挑战性

挑战性是婴幼儿发展的强烈需要。在进行户外环境规划时，应通过设置合理的身体发展、认知发展区域，帮助婴幼儿锻炼身体技能，提升学习能力与社会性交往能力。

在身体发展方面，《幼儿园教育指导纲要（试行）》明确指出："开展丰富多彩的户外游戏和体育活动，培养幼儿参加体育活动的兴趣和习惯，增强体质，提高对环境的适应能力。"在进行户外环境规划时，要注重满足婴幼儿生理发展需求，配合园所开展适合婴幼儿年龄特点的体育活动。

在认知发展方面，提供丰富的认知材料。一是提供丰富的视觉、听觉等感官体验，帮助婴幼儿观察、倾听大自然；二是提供丰富的活动材料，帮助婴幼儿发展社会性交往能力；三是提供丰富的艺术材料，帮助婴幼儿发展审美能力、想象力和创造力等。

（三）托幼园所户外公共环境创设

1. 整体设计

随着教育理念的发展，在婴幼儿个性化与能动性发展中，婴幼儿与环境的关系变得愈发重要。合理的园所户外空间整体设计，要以婴幼儿为中心，将人文理念同区域设置巧妙结合，推动婴幼儿对空间、色彩、形式、环境的感性认识，进而培养其主动探索的能力。

在进行户外空间整体设计时，要严格依据《托儿所、幼儿园建筑设计规范》，合理规划。常见的托幼园所整体布局有"口"字形、"L"形、直线形、异形等，户外各功能区围绕主体建筑依次展开。

2. 材料选择与环境创设

（1）自然探索区

在自然探索区，可以设置相应的花园、菜园等植物园区，引导婴幼儿观察植物的生长，增强其探索自然的欲望。在条件允许的范围内，也可以设置相应的动物园区。在园所合适的角落饲养一些小动物，或者摆放一些大型动物模型，带领婴幼儿观察动物，深入了解动物的生活习性，以此激发其学习兴趣。（见图2-4）

图 2-4 自然探索区

托幼园所可以根据实际情况选择种植植物的品种及范围。例如，托育机构多以小型花草为主，保证婴幼儿可以近距离接触这些花草；幼儿园的植物园区可以更加丰富，除常规的种植区，还可以搭配一定的树木，再利用灌木丛、石子路和假山石围成迷宫，以进一步增强户外空间的利用率，拓展户外活动，增强幼儿体质，促进幼儿身心全面发展。表 2-2 为自然探索区环境创设实操案例。

表 2-2 自然探索区环境创设实操案例

环境创设位置	幼儿园户外种植区
环境创设背景	幼儿是天生的"探究者"：黄瓜的身上为什么有刺？豆角是怎么长长的呢？茄子为什么是紫色的？在幼儿园的户外环境中，种植区是重要的组成部分。为了更好地发挥环境育人的功能，让幼儿进一步亲近大自然，拓宽幼儿的视野，培养其爱劳动、爱观察的良好习惯，教师充分利用园内自然资源和闲置空地，在幼儿园户外公共区域开辟了一块种植区。
适宜年龄	3 ~ 6 岁幼儿
环境创设目标	1. 引导幼儿认识常见的蔬菜，知道植株生长所需的基本条件。 2. 鼓励幼儿参与种植活动，并引导其大胆发表自己的见解。 3. 指导幼儿连续观察与记录植物生长变化，培养其爱劳动、爱观察的良好习惯。
材料准备	小铲子、蔬菜苗、喷壶、记录表、笔
注意事项	1. 在种植过程中，提醒幼儿小铲子不要对着小朋友，注意幼儿安全。 2. 在种植过程中，应以幼儿为主体，尽可能地让所有幼儿参与到种植活动中。 3. 在种植过程中，注意倾听幼儿的想法，鼓励幼儿主动表达自己的见解，并给予积极的回应。

学习笔记

📝 学习笔记

实操流程	观察—讨论—操作（准备、整地、播种、管理、收获）—记录—反思 1. 引导幼儿进行观察，通过摸一摸、看一看，认识常见的蔬菜。 2. 调动幼儿已有经验，和幼儿一起讨论种植的方法。 3. 选择适宜的土地，带领幼儿一起用小铲子把土块敲碎，并捡去杂物，选择适量的蔬菜苗进行种植。 4. 在教师的指导下，幼儿用小铲子挖好小坑，把蔬菜苗种进泥土中，浇水至泥土湿润。在种植过程中，教师全面巡回指导，及时引导幼儿把蔬菜苗种好。 5. 种植蔬菜是一项需要长时间管理的工作，所以应教育幼儿做到持之以恒。 6. 随着蔬菜苗一起慢慢长大的还有一些绿油油的杂草，为了不让它们和蔬菜苗争抢营养，引导幼儿一起"消灭"它们。 7. 定期给蔬菜苗浇水，让其吸取足够的水分，快快生长。 8. 观察蔬菜苗的生长过程，鼓励幼儿运用绘画、文字、数字等不同的符号进行记录。
实践效果	在户外开展种植活动，培养了幼儿种植的兴趣。幼儿通过种植植物、观察植物、管理植物，体验了生命的成长过程，其观察能力、合作意识以及责任心均得到发展，热爱劳动、热爱自然的情感得以形成。

续表

问题反思	1. 在幼儿园种植区进行活动时，幼儿会遇到各种各样的问题，而教师一人并不能及时处理所有幼儿的问题，因此就需要对幼儿进行积极引导，鼓励幼儿通过合作方式处理问题。当幼儿发现多人合作的效率高于个人行动时，他们便懂得了合作的重要性，并且乐于帮助其他小朋友解决困难。团队凝聚力增强了，幼儿的身心也得以健康发展。 2. 在种植过程中教师不要过度关注结果，更应该关注过程。教师应和幼儿一起体验种植过程中的"不确定性"，如果种植的植物长得并不理想，教师则应该抓住教育契机，发挥教育智慧，实现教育目的。 3. 种植活动应以幼儿为主，给予幼儿做决定的机会，发现问题时应该与幼儿一起分析、讨论，鼓励幼儿解决问题。

案例提供者：聊城市韩集镇前姜幼儿园　范新悦

岗课赛证

幼儿园种植活动步骤：
一、准备阶段。准备好必要的劳作工具，如小铲子、小水桶、喷壶等。了解幼儿的种植兴趣，共同学习简单的种植知识。
二、整地阶段。将土地翻耕、松土、平整，为播种做好准备。
三、播种阶段。根据植物的特性，科学播种。引导幼儿养成良好的观察习惯，仔细观察植物发芽的过程。
四、管理阶段。定期做好植物的浇水、施肥等工作，并仔细观察植物的生长变化，做好相应的记录。在这个过程中，逐步培养幼儿观察、感知的习惯，还可以通过写生的方式，加深幼儿对植物生长的印象。
五、收获阶段。让幼儿体验收获的喜悦。可以将植物结出的果实分享、展示，也可以进一步观察、比较、分类。
六、总结阶段。幼儿通过播种植物、观察植物、管理植物，体验了生命成长的过程，其观察能力、合作意识以及责任心均得到发展。

（2）沙水区

沙水区（见图2-5）是婴幼儿最喜欢的户外活动区域之一。沙子和水都属于自然产物，沙水混合物的形状可自由塑造，能够满足婴幼儿天马行空的想象力，促进其身心健康发展。

玩沙区的沙子以天然黄沙为主，应避免使用工业沙或有色沙。一些托幼园所的户外沙池、沙箱配有小铲

图2-5　沙水区

子、玩沙车、漏斗、小桶等，增加了婴幼儿玩沙的乐趣。天然黄沙具有可塑造性，婴幼儿通过玩沙，可以体验挖掘、探索的乐趣。同时，婴幼儿玩沙时也可以增强学习体验，如干沙和湿沙的塑造能力不同、质量也有较大区别。在玩沙区进行活动时，应注重规划管理，活动结束后应及时用防水布或者其他工具将沙子盖好，以保持沙子干燥。

　　玩水区一般有小池塘、固定游泳池、充气水池等几种常见的类型，有些托育机构针对0~1岁婴儿还设有专门的单人泳盆。玩水区材料以优良水质的自来水为主，其他材料还包括小型的水桶、水瓶、水枪、水壶、海洋球等，有条件的托幼园所还设有大型的水上滑梯等。在玩水区婴幼儿可以体验多种游戏，感受水的魅力，如在小池塘边可以钓鱼、捞鱼，在固定游泳池内可以游泳、戏水，在充气水池旁可以进行水枪游戏等。教师要注意观察婴幼儿，确保安全。

　　（3）游戏区

　　托幼园所的户外公共游戏区一般包括大型玩具区、攀爬区、主题活动区等。

　　大型玩具区主要包含大型滑梯、秋千、跷跷板、车轮玩具等（见图2-6）。这些玩具可以帮助婴幼儿发展钻、滑、跑、荡、摇等多种粗大动作，增强其身体协调性，促进其身体发育。空间较小的托幼园所，可以尝试构建多层游戏空间，以满足婴幼儿需要。在大型玩具区要有相应的安全防护设施，以保证婴幼儿的安全。

图 2-6　大型玩具区

　　攀爬区主要包括攀登架、攀岩墙壁、软索爬梯等（见图2-7）。教师可以选用多种攀爬方式帮助婴幼儿在攀爬中感受游戏、运动的乐趣。一般来说，攀爬区主要适用于3~6岁幼儿，因为年龄较小的婴幼儿四肢发育还不成熟，容易发生意外。攀爬区要设置一定的安全绳、护栏、草坪、橡胶垫等，以保证婴幼儿的安全。

图 2-7　攀爬区

学习笔记

主题活动区主要满足婴幼儿户外奔跑、跳跃的需要，部分托幼园所会设置一些主题场景，便于开展游戏活动（见图2-8）。进行主题活动时，教师要随时关注婴幼儿，保证其安全。

图 2-8　主题活动区

表 2-3　托幼园所户外公共环境创设原则要点及建议

区域		创设原则	创设要点及建议
户外公共环境	户外空间布局、室外场地设施等	安全性、自由性、顺序性、功能性、自然性、探索性	1. 场地性质：托育机构应当有自有场地或租赁期不少于3年的场地。
			2. 建筑选址：托育机构的场地应当选择自然条件良好、交通便利、符合卫生和环保要求的建设用地，远离对婴幼儿成长有危害的建筑、设施及污染源，满足抗震、防火、疏散等要求。托育机构的房屋装修、设施设备、装饰材料等，应当符合国家相关安全质量标准和环保标准，并定期进行检查维护。
			3. 室外场地设施：幼儿园应设全园共用活动场地，人均面积不应小于2㎡；托儿所室外活动场地人均面积不应小于3㎡；城市人口密集地区改、扩建的托儿所，设置室外活动场地确有困难时，室外活动场地人均面积不应小于2㎡。地面应平整、防滑、无障碍、无尖锐突出物，并宜采用软质地坪；共用活动场地应设置游戏器具、沙坑、30m跑道等，宜设戏水池，储水深度不应超过0.30m。游戏器具下地面及周围应设软质铺装。宜设洗手池、洗脚池；室外活动场地应有1/2以上的面积在标准建筑日照阴影线之外。
			4. 安全管理：托育机构应当落实安全管理主体责任，建立安全防护措施和检查制度，配备必要的安保人员和物防、技防措施。

注：本表参考《托育机构设置标准（试行）》《托儿所、幼儿园建筑设计规范》等文件。

二、托幼园所室内公共环境创设

（一）托幼园所室内公共环境

托幼园所的室内公共环境是园所环境的重要组成部分，是婴幼儿活动的主要场所之一，对婴幼儿身心发展有着重要的影响。其中，室内公共环境主要包括门厅、走廊、楼梯、公共活动室（厅）、公共生活区等。图2-9为某幼儿园创设的"扎染"主题室内公共环境。

图 2-9 "扎染"主题室内公共环境

1. 门厅

《托儿所、幼儿园建筑设计规范》指出："托儿所、幼儿园建筑应设门厅，门厅内应设置晨检室和收发室，宜设置展示区、婴幼儿和成年人使用的洗手池、婴幼儿车存储等空间，宜设卫生间。"门厅作为托幼园所由户外进入的室内的必经之路，是托幼园所环境创设的重点部位，体现着托幼园所的办园特色、精神面貌和审美品位。门厅大都宽敞明亮，一些园所的门厅还兼有休憩、晨检等功能，因此在环境创设时要从多方面考虑，在保证功能性的同时全方位展示园所特点。

2. 走廊

走廊是连接托幼园所内各班级和房间的通道，是重要的交通和展示空间。针对走廊进行科学的环境创设，可以有效拓展婴幼儿活动空间，延伸门厅的特色展示，凸显托幼园所的艺术品位。

3. 楼梯

楼梯是托幼园所垂直空间的重要载体，在连通走廊的同时，起到连接上下的作用。在保证安全性的同时，可以对楼梯的环境进行巧妙地处理，以烘托园所的整体氛围。

4. 公共活动室（厅）

公共活动室（厅）是婴幼儿开展集体游戏、特色活动的功能性用房。按照功能，一般可以分为多功能活动室和专用活动室。《托儿所、幼儿园建筑设计规范》指出，多功能活动室是"供全园婴幼儿共同进行文艺、体育、家长集会等多功能活动的空间"。专用活动室是不同的园所根据婴幼儿发展需要和园所配置，专门设置的具有某种特定功能的活动场所。相对来说，专用活动室功能较为单一，但可以体现出托幼园所的特色化发展理念。

5. 公共生活区

公共生活区指解决婴幼儿饮食、睡眠、卫生等活动的区域。依据不同的办园理念，有的托幼园所会设置专门的公共生活区，有的托幼园所则把这些活动集中到班级中。

（二）托幼园所室内公共环境规划

室内公共环境能够让人瞬间感受到托幼园所独有的艺术魅力与教育精神，反映出托幼园所的办园理念和教育品质。因此，规划室内公共环境时应考虑地域特点、园所风格、建筑布局等，以体现托幼园所的文化特色和办园理念。

《托育机构设置标准（试行）》指出："托育机构应当配备符合婴幼儿月龄特点的家具、用具、玩具、图书和游戏材料等，并符合国家相关安全质量标准和环保标准。"《幼儿园教育指导纲要（试行）》指出："幼儿园的空间、设施、活动材料和常规要求等应有利于引发、支持幼儿的游戏和各种探索活动，有利于引发、支持幼儿与周围环境之间积极的相互作用。"在对室内公共环境进行整体规划时，应严格依据以上要求。

对室内公共环境的整体规划，应建立在办园理念、办园特色的基础上。可以将每个楼层或者楼栋作为环境创设的一部分，再将各个区域进行巧妙的连接，构建形成一个集教育、开放、互动为一体的公共环境。托幼园所室内公共环境规划应遵循以下原则。

1. 安全性原则

托幼园所室内公共环境规划要充分考虑婴幼儿的身体机能和认知水平，在规划设计时排除可能造成意外伤害的危险因素，合理设置防护措施。例如，安装围栏、护角、防滑地板、防撞垫等，楼梯踏步高度应适合婴幼儿使用，楼梯两侧除设置成人扶手外，还应设置婴幼儿扶手，等等。

2. 舒适性原则

托幼园所室内公共环境规划要充分考虑婴幼儿的身心感受，通过合理的规划布局，营造温馨愉悦的园所氛围。例如，在规划设计时注意色彩及装饰的选择，根据婴幼儿的身高尺寸和视野范围选择符合其活动方式和节奏的家具设备，等等。

3. 灵活性原则

托幼园所室内公共环境规划要结合婴幼儿的发展变化和个体差异，根据婴幼儿的学习需求和兴趣爱好进行分区布局，设计可变通、可调整的空间结构。在符合现有标准、确保婴幼儿安全的前提下，尽可能打破空间的边界，让室内空间之间产生视觉甚至功能互动。例如，采用合理的动线设计，选用可移动的隔断、可折叠的桌椅，减少活动阻碍，更好地支持婴幼儿进行自主游戏。

4. 适度留白原则

托幼园所室内公共环境规划应在婴幼儿真正需要的地方"做加法"，在婴幼儿视角以外的地方"做减法"，遵循适度留白原则，避免材料种类过多、装饰元素过于复杂给婴幼儿带来过度刺激。在赋予空间趣味性的同时保持其开放性，将更多自由的空间留给婴幼儿进行创造性活动，给予婴幼儿更自由的成长空间。

（三）托幼园所室内公共环境创设

1. 门厅的环境创设

门厅的环境创设要以突出空间为主，整体环境要求简洁、大方、明快，不要过分复杂，以防影响整体效果。门厅的墙面上可以展示园所的标志、适龄方向以及办园理念等，体现园所的教育品位与精神面貌。门厅的地面上则可以粘贴一些装饰性纹样或者具有功能性的指示牌，构建和谐统一的门厅环境。（见图2-10）

图 2-10　门厅环境创设

门厅摆放的物品要有侧重点，一般来说以园所需求为主要方向。托育机构会有前台用于接待家长与婴幼儿，而幼儿园则会摆放一些花草、休息长椅等。同时，门厅作为连接楼栋与户外的公共区域，首先要充分保证婴幼儿的安全行走空间。如果门厅可利用的空间较为宽敞，可以设置水幕、小型室内雕塑等景观，也可以设置婴幼儿作品展示区，以凸显园所的特色。

2. 走廊的环境创设

走廊是托幼园所室内公共环境的重要组成部分，走廊使同层各房间相互通达。走廊也是园所风格和特点的展示区域，走廊的环境创设也尤为重要（见图2-11）。

| 走廊休息区 | 走廊艺术作品展示区 |

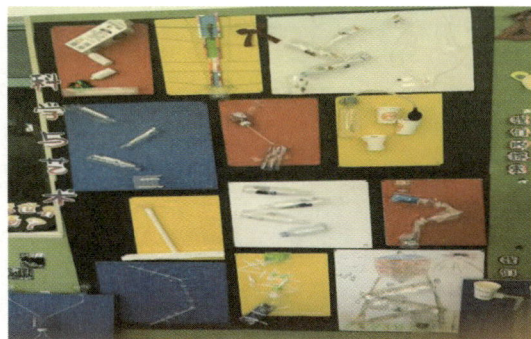

| 走廊科学与艺术探索墙 | 走廊茶艺坊区 |

图 2-11 走廊环境创设

首先，走廊的风格应协调统一。尽管走廊连接的房间功能各异，但走廊本身的特点是通透、细长，站在走廊的一边可以望向尽头。因此，如果根据不同房间功能的差异对走廊进行设计，而忽略整条走廊的整体设计，就会使整个走廊看起来烦琐、复杂、毫无美感。

其次，走廊的色彩应轻松明快。走廊的色彩要符合婴幼儿审美特点，选用清新中性色作为走廊的主色调，辅以少量鲜艳的色彩，突出走廊的个性，营造和谐的氛围。

最后，走廊的空间要充分利用。有些走廊可能因为楼栋结构的原因而出现一些区角空间。可以巧妙地利用这些区角空间，或用于展示婴幼儿的作品，或艺术性地放置婴幼儿的生活用品，或将其创设成植物区角等。表2-4为走廊环境创设实操案例。

表 2-4 走廊环境创设实操案例

环境创设位置	教学楼内二楼走廊北侧
环境创设背景	幼儿园二楼走廊为幼儿午后散步的场地。幼儿午睡前跑跑跳跳，过于兴奋，时常造成入睡困难、腹痛等问题。为了解决这一问题，教师决定对这片散步的场地进行环境创设，以分散幼儿的注意力，使其不再过度兴奋。于是，教师便与幼儿展开了讨论，征求幼儿的意见。 中二班的一名幼儿在周末时与父母参观了艺术展，或许因此受到了启发，提出将刚刚制作的扎染作品摆放在走廊中，以供大家观赏。考虑到每次散步时幼儿都吵吵闹闹，创设一些区角或许可以让幼儿在观赏的过程中安静下来，这样既能保证幼儿的安全，又能提高他们的审美能力。于是，教师采纳了该幼儿的建议，与其他幼儿一起规划。
适宜年龄	4～5 岁幼儿
环境创设目标	1. 引导幼儿了解扎染的相关知识，能在此基础上根据自己的想法和喜好进行创作。 2. 鼓励幼儿在环境创设过程中提升想象力、创造力，学会合作，提升解决问题的能力。 3. 帮助幼儿发现美、欣赏美和创造美。
材料准备	扎染专用白布、KT 板、扎染颜料、白色网格、黑色卡纸。
注意事项	1. 创设区角前，教师与幼儿商定创设的主题，鼓励幼儿用绘画的形式进行表现。 2. 为幼儿准备充足的材料，最大限度地发挥幼儿的动手能力，教师适时提供指导，将主动权还给幼儿。 3. 在创设过程中，教师巡回指导，保证幼儿的安全。
实操流程	1. 空间位置和结构布局分析。 此区角位于幼儿园二楼走廊北侧，为长 10m，宽 3m 的长方形场地。教师与幼儿共同创设了泥塑、线描、造纸、扎染等 7 个区角，扎染作品展示区角在中间位置。 2. 创意规划。 因走廊过长，而作品数量有限，因此教师联合其他班级，一起布置了大大小小的区角。因为刚刚开设了扎染活动，幼儿提出将扎染作品摆放在走廊中，并为其取了一个好听的名字"扎染小铺"，后更名为"扎染艺术坊"。 3. 布置实施。 在扎染活动中，幼儿运用绞染、夹染的方式，将白布染成晕色丰富、变化自然的艺术品，并将其制作成旗袍、玫瑰、圆盘等各种形象。然后，

续表

实操流程	通过班级小小讨论会，决定如何布置区角。考虑到作品有大有小，幼儿决定用三种方式（摆、挂、立）进行摆放。幼儿一致决定将大块染布铺到小方凳上，上面摆放画框、玫瑰花束等，将旗袍悬挂在白色网格架上。  然而，又遇到了新问题，幼儿发现：走廊墙面的颜色过于鲜艳，旗袍直接悬挂到白色网格上，显得很乱，且不容易让人看见。于是，又一次发起了小小讨论会，一个幼儿联想到之前绘画时将绘画内容剪下来，贴到黑色卡纸上进行装饰，绘画内容会更加突出。她提出将旗袍悬挂在黑色卡纸上，教师听取了该幼儿的意见，拿来了黑色KT板，幼儿看到效果后欣喜不已——朴素淡雅的旗袍在庄重神秘的黑色的衬托下，有了古典素雅的韵味。 
应用评价	各班区角创设完成后，教师带领幼儿去参观、欣赏，可以看到他们脸上抑制不住的笑容。从此之后，每次路过走廊幼儿都会慢慢走，静静地欣赏着出自自己之手的精美作品。
实践效果	本次区角创设活动充分发挥了幼儿的主体作用。在整个过程中，幼儿的想象力、创造力以及解决问题的能力都有所提升。
问题反思	在创设过程中，由于区角过多，因此整个环境创设比较紧凑，幼儿散步的空间相对来说小了很多，几个班同时出来散步会比较拥挤。针对这一问题，我们想出了改造的措施：部分区角可以靠墙摆放，呈现错落的效果；还有一部分绘画作品可以悬挂到走廊墙壁上，既能节约空间，又能美化墙面。

案例提供者：聊城市高新区实验幼儿园　吴楠

3.楼梯的环境创设

在创设楼梯环境时，首先要保证婴幼儿的安全。一是要避免婴幼儿在楼梯上逗留过长时间而出现危险；二是要保证楼梯环境创设材料的安全性，避免使用一些尖锐的物品等，防止出现扎伤或者戳伤等危险；三是要避免张贴或悬挂的材料遮盖"安全出口"等安全警示标识。

楼梯是连接各段走廊和门厅的重要载体。楼梯环境创设要做到艺术性与实用性相结合。第一，可以在楼梯墙壁上悬挂名人画作、婴幼儿作品，也可以进行一些简单的墙面装饰，以提升托幼园所的艺术氛围；第二，在保证安全且楼梯足够宽敞的情况下，可以设置一些攀爬设备，以增加空间的趣味性；第三，楼梯后的空间也可以充分利用起来，装扮成娃娃家、休闲小屋等，使其成为环境创设的一个小亮点。（见图 2-12）

岗课赛证

2022 年全国职业院校技能大赛——学前教育专业技能样题

教师充分利用饮料瓶、瓶盖等废旧物品装饰布置活动室，这遵循了幼儿园环境创设的（　　）。

A．参与性原则

B．开放性原则

C．经济性原则

D．发展适宜性原则

学习笔记

| 楼梯间的绘画作品展示 | 楼梯间的装饰性墙面 |

图 2-12　楼梯环境创设

4.公共活动室（厅）环境创设

（1）多功能活动室

多功能活动室的用途较为广泛，应充分考虑到各种活动的开展，因此在进行多功能活动室环境创设时首先应保证活动室功能的丰富性。

活动室的材料要安全舒适。活动室最常用的功能就是开展各种大型活动，在这种情况下首先要保证婴幼儿在活动中的安全。选择安全舒适的材料正是为了避免婴幼儿在活动中受到意外伤害。

活动室的颜色宜清新淡雅。活动室需要满足不同活动的需要，如游戏活动、体育活动、观摩教学活动、节日聚会、家长会等，如果选用过于鲜艳的颜色，则不利于某一种活动环境的布置。因此，选用清新淡雅的颜色，搭配不同活动设置的场景，可以增加活动室的使用频率，提升活动效果。

活动室的设备应齐全。结合不同活动的需要，活动室可以配置音箱、计算机、投影仪、舞台、体育器材等婴幼儿开展活动时需要的设备。（见图 2-13）

图 2-13　公共活动室（厅）环境创设

（2）专用活动室

专用活动室种类较多，一般有建构活动室、美术手工活动室、阅读活动室、科学发现活动室、音乐活动室等。

专用活动室要根据婴幼儿的年龄特点和兴趣爱好，有目的地放置适合婴幼儿开展相关活动的材料。在活动室的角落可以放置一些代表性的作品或者装饰物，以增强活动室的氛围感。（见图 2-14）

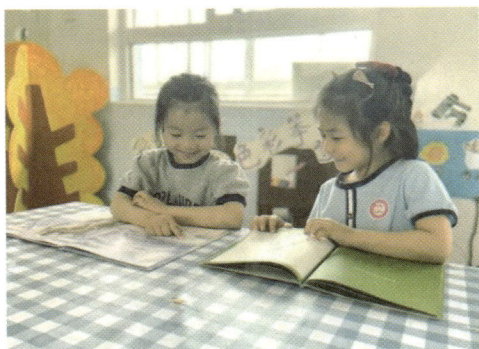

图 2-14　图书阅览室

5. 公共生活区环境创设

生活是教育的源泉，教育应根植于婴幼儿的日常生活。因此，托幼园所公共生活区的创设应体现"生活即教育"的理念。例如，饮水是托幼园所一日生活中的重要环节，可以制作饮水环节主题墙，以引导幼儿养成良好的饮水习惯；洗手看似简单却起着重要的作用，可以进行"七步洗手法"主题环境创设，以帮助婴幼儿养成正确的洗手习惯，增强其卫生意识；如厕也是托幼园所一日生活中的重要环节，通过创设相关文化主题墙，可以潜移默化帮助婴幼儿提高生活自理能力及养成良好的卫生习惯。（见图 2-15）

图 2-15　公共生活区环境创设

学习笔记

表 2-5 托幼园所室内公共环境创设原则、要点及建议

室内公共环境		创设原则	创设要点及建议
显性环境	室内公共空间、室内设施及布置、玩教具等材料、墙面、走廊等	安全性原则、以婴幼儿为本原则、互动性原则、趣味性原则、探索性原则	1. 室内公共环境要整洁卫生、宽敞通透，空气流通，配备调节温度的设备，空气质量：E0 级甲醛释放量≤ 0.5mg/L，可直接用于室内板。E1 级甲醛释放量≤ 1.5mg/L，E1 板可直接用于室内板。环境中应充分考虑各种消毒设备、新风循环的位置、易用性、视觉美观的协调性与婴幼儿接触的安全性。
			2. 室内照明应采用带保护罩的节能灯具。除了自然光，室内灯光对环境的影响也非常重要，暖黄光 2800K，能够营造出安心舒适的气氛，暖白光 4000K，建议两种光交叉运用。在空间设计时要注意色调、材质、灯光的融合，整体空间色调要明亮柔和，以色调为主、建材为辅，利用灯光的设计调度，营造温馨舒适、有安全感的氛围。
			3. 墙面设计要体现功能性与多元的价值性，利用墙面与不同元素的结合，使整体空间具有趣味性、探索性。
			4. 婴幼儿游戏活动区域门应为防夹手门或有防护设施，地面宜铺设木地板或柔软、有弹性的环保材料，地面要做软化处理，确保平整防滑，无尖锐突出物。各类柜子和设施用具表面及婴幼儿手指可触及的隐蔽处，均不得有锐利的棱角（建议用圆角）、毛刺及小五金部件的锐利尖端。应使用防夹手门夹，如果使用了门边的挖空防夹手设计，同时也要考虑开门方向、与婴幼儿身高相对应的低高度挖空或透光玻璃，避免婴幼儿会直接推门造成的撞击风险。
			5. 婴幼儿公共活动区域应安装紫外线杀菌灯，距楼地面高度宜为 2.5m。紫外线杀菌灯开关插座应单独设置，距楼地面高度不低于 1.8m，并设置警示标识，防止误开误关。机构内设置应急照明灯。
			6. 应配备符合婴幼儿月龄特点的家具、玩具、用具、图书和游戏材料等。玩具应选择刺激丰富，操作性强，具有互动性的。创设幼儿主动参与、深度参与的环境。所有家具都要有功能性，只摆放有用的家具，简单清晰不要烦琐；成人物品不宜太多，避免潜在危险；尽量选择中空通透的框架式家具，便于照护人员快速观察到室内各处发生的情况。桌椅、洗手台、马桶的高度等以婴幼儿的实际需求和日常生活习惯进行规划设计。

续表

室内公共环境	创设原则	创设要点及建议
显性环境	室内公共空间、室内设施及布置、玩教具等材料、墙面、走廊等	安全性原则、以婴幼儿为本原则、互动性原则、趣味性原则、探索性原则	7. 根据消防要求，配置相应的消防设备。当设置消火栓灭火设施时，消防立管阀门布置应避免婴幼儿碰撞，并将消火栓箱暗装设置。单独配置的灭火器设置在不妨碍通行处，厨房应配置灭火毯。
			8. 应实行封闭式管理，监控报警系统确保24小时设防，全覆盖主出入口、楼梯间、走廊、厨房、婴幼儿生活与活动区域、食品加工制作区域；主出入口和厨房等，应安装出入口控制系统和入侵报警系统。视频监控记录、存储、回放的单图像分辨率应大于等于1280×720。安防监控系统录像资料应保存90天以上。
			9. 进行功能分区设计。婴幼儿生活用房包括用餐区、睡眠区、游戏区、盥洗区、储物区等，人均使用面积不低于3 ㎡。收托2岁以下婴幼儿的，应当设置符合有关规定要求的母婴室、配乳区等。可根据需要设置服务管理用房，包括办公室、安保室等。供应用房包括保健室、厨房、洗涤消毒用房等，可根据需要设置。厨房应配置食品留样柜，双人双锁管理。自行加工膳食的托育机构应设置不低于25 ㎡的厨房，并办理《食品经营许可证》。非自行加工膳食的托育机构可不设厨房，但应设置与供餐规模相适应的备餐间，供餐单位需具备《食品经营许可证》和相应的供餐资格，确保食品安全卫生。
隐性环境	心理环境、人际环境	安全性原则、尊重性原则、稳定性原则、教育性原则	1. 应创设帮助婴幼儿适应从家庭生活到集体生活过渡的心理环境。照护人员说话时应注意语速要慢、声音要轻，不可以训斥婴幼儿，避免婴幼儿对照护人员产生恐惧情绪。应允许婴幼儿将自己依恋的物品，如毛毯、玩偶等带入教室。也可以设置隐蔽区，如小帐篷、小小屋等，营造充满安全感的氛围。
			2. 照护人员要对婴幼儿有充分积极的回应，要特别关注婴幼儿非语言的交流和需求的表达，在交流时应蹲下身体，平视婴幼儿，在婴幼儿哭泣时及时进行安抚，根据婴幼儿的个性化需求做出合理的回应和适当的支持。
			3. 照护人员要充分尊重婴幼儿的主体地位，不强求婴幼儿按照固定的玩法操作玩具。作息的安排应灵活调整，不以作息为由打断婴幼儿正在进行的某项活动。
			4. 托育机构应注重提升带班教师的专业素养和综合素质，重点培养其观察能力。应安排稳定的带班教师和照护人员，以利于婴幼儿建立稳定的依恋对象。

学习笔记

室内公共环境		创设原则	创设要点及建议
隐性环境	心理环境、人际环境	安全性原则、尊重性原则、稳定性原则、教育性原则	5. 托育机构应注重家园联系，及时向家长了解婴幼儿的个性特点、生活习惯等，以提供个性化的安排和支持。应向新手父母提供婴幼儿保育知识，并向家长介绍托育机构环境创设和家庭中的环境是有一致性的，以利于婴幼儿的经验保持贯通，并充分尊重家长作为婴幼儿主要照料者的主体地位，从而缓解家长的焦虑情绪。

注：本表参考《托育机构设置标准（试行）》《托育机构管理规范（试行）》《托儿所、幼儿园建筑设计规范》《幼儿园建设标准》等文件。

实践与运用 ▶▶▶

你所在的托幼园所现要进行"弘扬中华传统美德"户外环境主题创设比赛，应该如何设计？

学习效果检测

云测试

一、单项选择题

1. （　　）在园所环境创设中是非常重要的。不同植物的栽培与种植，不仅能丰富园所户外环境的层次，营造出不同的园所风格，而且能培养婴幼儿感受美、欣赏美、创造美的能力。

A. 园所大门　　　　　　　　　　B. 园所绿化与景观设计

C. 园所游戏　　　　　　　　　　D. 园所活动区

2. 托育机构应当保证婴幼儿每日户外活动不少于（　　）小时，寒冷、炎热季节或特殊天气情况下可酌情调整。

A. 1　　　　　　B. 2　　　　　　C. 3　　　　　　D. 4

3.在进行托幼园所户外公共环境的规划时，要考虑（　　），提供丰富的物质材料，营造和谐的精神环境，以真正满足婴幼儿健康发展的需要。

A.婴幼儿身心发展特点　　　　　　　　B.婴幼儿家长的喜好

C.托幼园所的实际需求　　　　　　　　D.托幼园所的场地条件

4.托幼园所户外公共环境按照（　　），可以分为攀岩区、钻爬区、戏水区、园艺区等；按照活动性质，可以分为运动游戏区、技能游戏区、社会游戏区、种植区等。

A.婴幼儿认知水平　　　　　　　　　　B.活动性质

C.活动特点　　　　　　　　　　　　　D.活动功能

5.《托儿所、幼儿园建筑设计规范》规定，"托儿所、幼儿园场内绿地率不应小于（　　）"。

A.10%　　　　　　　　　　　　　　　　B.20%

C.30%　　　　　　　　　　　　　　　　D.40%

二、多项选择题

1.托幼园所户外公共环境除园所的露天场地与环境，还包括（　　）等区域，是婴幼儿参与户外游戏和体育活动的主要场所。

A.园所大门　　　　　　　　　　　　　　B.园所院落围墙及楼体外墙

C.园所绿化与景观设计区　　　　　　　　D.园所游戏区与活动区

2.托幼园所户外公共环境的布局、设施可以较直观地反映（　　），合理的托幼园所户外公共环境对于婴幼儿身心健康发展有着至关重要的作用。

A.托幼园所的园所理念　　　　　　　　　B.托幼园所的教育方式

C.教师的行为与教育观念　　　　　　　　D.伙伴关系与师幼关系

3.在保证婴幼儿安全的前提下，园所绿化和景观设计区选用不同材质、不同风格的材料与不同品种的植物，与园所内其他建筑相互协调配合，可以满足不同婴幼儿的个性化需求，兼顾（　　）。

A.欣赏性　　　　　　　　　　　　　　　B.教师的身高

C.家具的高度　　　　　　　　　　　　　D.教育性

4.关于托幼园所户外公共环境规划，以下说法正确的是（　　）。

A.托幼园所户外公共环境按照婴幼儿运动量的大小，可以分为静态游戏区、动态游戏区。

B.户外公共环境是托幼园所物质环境的重要组成部分，是婴幼儿最喜欢的游戏环境之一。

C.若园所户外空间较小，在保证婴幼儿安全的前提下，可以增加强纵向的户外空间利用率。

D.在进行户外环境规划时，应通过设置合理的身体发展、认识发展区域，帮助婴幼儿锻炼身体技能，提升学习能力和社会交往能力。

三、简答题

1. 在托幼园所户外公共环境创设中，可以提供怎样的认知材料以促进婴幼儿认知发展？

2. 简述幼儿园种植活动步骤。

3. 托幼园所室内公共环境主要包括哪些？

4. 简述托幼园所室内公共环境规划的原则。

5. 在创设托幼园所户外公共环境时怎样规划户外公共游戏区？

四、论述题

1. 陈鹤琴先生说："怎样的环境刺激，得到怎样的印象。"在托幼园所公共环境创设中，怎样体现"环境育人"？

2. 怎样规划托幼园所公共活动室（厅）环境？

学习评价与反思

学习目标

1. 了解托幼园所功能室环境创设的含义及价值。

2. 了解托幼园所功能室环境创设的原则以及功能室环境规划的表现特征。

3. 理解、掌握托幼园所功能室环境创设的技能和技巧，以及功能室材料的选择与投放。

4. 掌握托幼园所室内活动区环境创设的方式、途径和材料的选择与投放。

5. 掌握托幼园所环境育人功能，积极发展社会主义先进文化，落实立德树人根本任务。

学习导航

托幼园所活动室环境创设

托幼园所功能室环境创设

托幼园所功能室环境创设概述
托幼园所功能室环境规划
托幼园所功能室环境创设

托幼园所活动区环境创设

托幼园所活动区环境创设概述
托幼园所生活环境规划
托幼园所常规活动区环境创设

作为一名学前教育工作者，你所在园所要进行功能室环境创设，你会对功能室空间进行怎样的规划与设计？

互动交流：

_____

_____

_____

婴幼儿身心发展的特殊性，决定了创设良好教育环境的重要性。如何为婴幼儿创造一个温馨、舒适的环境？怎样充分发挥环境的教育功能？

要正确回答上述问题，有必要学习环境创设的基础理论，掌握环境创设的原则和方法，遵循"从婴幼儿角度出发，为婴幼儿服务"的教育理念，充分发挥环境的教育功能。

单元 一
托幼园所功能室环境创设

学习任务单

姓名 _____　　　班级 _____　　　学习时间 _____

序号	学习任务	学习建议	完成效果		
			自我评价	同伴评价	教师评价
1	托幼园所功能室环境创设的价值	资料拓展：《儿童视角下幼儿园环境创设的价值意蕴与实践策略——以成都市金堂县云绣幼儿园为例》			
2	托幼园所功能室环境创设的原则	资料拓展：《基于幼儿行为心理的幼儿园室内设计研究》			
3	托幼园所功能室环境规划的表现特征	资料拓展：室内设计与空间艺术表达 知识拓展：美学的三要素			
4	托幼园所功能室材料的选择与投放	资料拓展：《幼儿园教育活动中材料的有效投放》			
学习反思					

情境描述

　　某幼儿园将美术功能室的一个角落设置为放置废旧材料的区域，各班级都可以到这里来选取需要的废旧材料。随着时间的推移，原本归类放置的废旧材料变得杂乱无序，教师和幼儿因为取拿不方便，就不再过来挑选材料了。这一情况引起了幼儿园管理团队的深思。

　　幼儿园管理团队召集教师对此进行反思。经过充分研讨，教师决定调整思路：结合"大马路"的主题活动，发动家长和幼儿利用废旧材料制作各式各样的交通工具，如警车、大卡车、公交汽车等，并将此区域布置成亲子作品展示区。此后，幼儿又对这个区域感兴趣起来，不仅喜欢到这里来玩耍，还经常和同伴分享交流如何利用废旧材料制作艺术品。

　　通过重新规划，美术功能室的空间不仅得到了充分合理的利用，更为重要的是发挥了环境育人的功能。

请思考：

1. 托幼园所功能室环境创设有哪些基本要求？请结合某个具体功能室的环境创设谈谈你的看法。

2. 托幼园所功能室环境对婴幼儿的发展主要有哪些方面的影响？请谈谈你的看法。

学习驿站

学习笔记

一、托幼园所功能室环境创设概述

（一）托幼园所功能室的含义

托幼园所功能室是供婴幼儿进行生活活动、游戏活动和学习活动等活动的公共室内场所，确保婴幼儿的一日生活正常、有序地开展。具体来说，就是按婴幼儿教育活动的主要形式，托幼园所建立功能室，如游戏功能室、绘画功能室、舞蹈功能室、演唱功能室、科学教育功能室、文明礼仪功能室等，教师按教育教学计划安排婴幼儿在不同功能室轮流活动，通过活动形式进行各层次、各类别教育，开发幼儿智力，拓展素质教育，达成教育目标。[①] 托幼园所"功能室"教育模式的建立，是婴幼儿教育改革的重要途径。[②]

（二）托幼园所功能室环境创设的价值

托幼园所功能室环境创设是学前教育环境创设的重要组成部分。每一个功能室都集聚了园所内某一领域的专项材料，针对性较强，为婴幼儿提供了充分发展某一或某些能力的环境。

托幼园所功能室环境创设要全面贯彻党的教育方针，落实立德树人根本任务，积极发展社会主义先进文化。功能室环境创设要体现出环境与教育目标的

① 张彩霞.试论幼儿多类型多特色"活动室"教育模式创建及其意义［J］.科技视界，2014（4）.
② 张彩霞.论幼儿园"活动室"教育模式的创建及其意义［J］.新课程（上），2012（4）.

一致性，为婴幼儿提供健康、丰富的生活环境和宽松、自由的活动环境，促进婴幼儿身心全面和谐发展。

托幼园所功能室的环境（教育）对于婴幼儿全面发展至关重要，主要体现在以下五个方面。

1. 促进婴幼儿认知发展

婴幼儿的认知能力是指婴幼儿学习知识与运用知识的能力，主要包括感知觉、言语、想象、记忆力、思维能力等。环境影响婴幼儿的认知。习近平总书记在党的二十大报告中指出："教育是国之大计、党之大计。培养什么人、怎样培养人、为谁培养人是教育的根本问题。"教师要全面了解婴幼儿身心发展的特点，充分认识环境这一重要的教育资源，用科学的方法引导婴幼儿和环境相互作用，有计划、有组织地引导婴幼儿与环境发生反应，从而有效促进婴幼儿认知发展，最大限度地发挥环境的教育功能。

2. 促进婴幼儿审美能力发展

环境是审美教育的载体。婴幼儿时期是培养个体审美趣味和审美能力的关键期。2018 年 9 月 10 日，习近平总书记在全国教育大会上指出，要全面加强和改进学校美育，坚持以美育人、以文化人，提高学生审美和人文素养。

美育是借助自然美、社会美、艺术美和科学美的手段，培养个体对美的形态、结构等的感受、鉴赏和创造能力，最终促进人的全面发展的教育活动。[①] 教师要创造条件，让婴幼儿在托幼园所内有机会感受到各种美的事物、美的景象，鼓励婴幼儿在生活中细心观察、体验，为艺术活动积累经验和素材，然后用自己喜欢的方式去模仿或创作。每个婴幼儿心里都有一颗美的种子，教师要通过环境激发婴幼儿对美的感受和体验，丰富其想象力和创造力，引导婴幼儿学会用心灵去感受和发现美，用自己的方式去表现和创造美。

3. 促进婴幼儿创新能力发展

创新与国家、民族的前途命运息息相关。创新是人类生存和发展的基石，是民族兴旺发达的不竭动力。[②] 托幼园所要保护和激发婴幼儿的创新欲望，为婴幼儿提供宽松的有利于创新的环境，通过游戏和操作活动等支持策略，提高和发展婴幼儿创新能力，为造就创新型人才奠定良好的基础。

4. 促进婴幼儿个性发展

每个婴幼儿都是一个独立的个体，都有自己发展的速度，存在个体差异。[③]

学习笔记

岗课赛证

连线职场
作为托幼园所的教师，你认为功能室环境创设的重要性体现在哪些方面？

[①] 刘飞. 美育视角下幼儿园环境创设的理念与实践［J］. 陕西理工大学学报（社会科学版），2021（3）.

[②] 王桂秋. 培养幼儿创新能力的支持策略［J］. 黑龙江教育学院学报，2013（8）.

[③] 张伯娥. 幼儿园环境创设对幼儿成长的影响初探［J］. 戏剧之家，2017（18）.

教师应该以婴幼儿为本，为其提供一个健康、良好、宽松的学习环境，给他们的健康成长提供基本条件，帮助其形成自我意识，促进其个性发展。

5. 促进婴幼儿心理健康发展

教师应将环境同婴幼儿需要融为一个有机的整体，做到让每面墙都会"说话"，每个角落都可育人，这样才有利于婴幼儿身心健康发展。[①] 对婴幼儿进行心理健康教育，应避免说教式、成人化的倾向，应遵循婴幼儿的心理特点，建立和谐的师幼关系。托幼园所要充分发挥环境育人的功能，创设（婴）幼儿化、立体化、主题化、多样化的托幼园所内外环境，促进婴幼儿身心全面健康发展。[②]

（三）托幼园所功能室环境创设的原则 [③]

托幼园所功能室环境创设应遵循以下基本原则。

1. 适用性原则

托幼园所可以根据现有条件和资源，从婴幼儿的需要与兴趣、婴幼儿发展中出现的问题及托幼园所的办园特色出发，有选择地设置功能室，让功能室真正为婴幼儿发展服务。例如，有的幼儿园是科技特色幼儿园，园本课程以科技教育为主，幼儿园可以将专用功能室设置成适合不同年龄段幼儿活动需求的科技室。教师要确保功能室的层次划分明确，投放的材料能够满足课程发展需求，可以将一些相对比较大型或者罕见的科技事物和平时在班级内很少能投放的材料放置在功能室里，如此不仅有利于课程的推进，而且能做到资源共享。

2. 自主性原则

功能室应当是婴幼儿自主学习、探究的场所。教师可以通过功能室内的内容设置和材料投放来吸引婴幼儿自主探索。所以，功能室在内容设置上应以材料操作为重点。例如，幼儿园可以设置一些有意思的生活烹饪室、集中型的角色游戏室、让幼儿可以大胆挥墨的美术活动室等。试想一下，在这些活动室内活动的婴幼儿该是多么自由自在和充满兴趣呀！

3. 灵活性原则

功能室要发挥其教育意义，就必须与教育内容相结合，与全园（所）各年龄段婴幼儿的发展需求相结合，适时调整环境。因此，室内要尽量减少固定化、不可拆卸的环境布置。

功能室的活动也可以灵活组织。例如，由于功能室是公共活动室，可以进行不同班级的混合活动，因此既能增加不同班级婴幼儿之间的交流，又能营造一种公共活动的氛围。

① 仲蕾.如何创设有利于幼儿身心健康发展的幼儿园环境［J］.华夏教师，2014（12）.
② 陈秀红.重视幼儿园环境创设 促进幼儿身心健康发展［J］.甘肃教育，2021（12）.
③ 霍习霞，杨新荣.幼儿园教育环境创设［M］.武汉：华中师范大学出版社，2014：64-65.

4. 兼容性原则

功能室环境的创设既要考虑不同年龄段婴幼儿发展的需要，又要考虑同一年龄段婴幼儿发展的需要；既要考虑全园（所）婴幼儿整体的发展，又要为婴幼儿的个性发展创造条件。

此外，功能室环境的创设要将教育意义和审美结合起来。例如，阅读室环境的创设，不仅要为婴幼儿提供丰富的图书，还要注意为婴幼儿创设舒适的阅读环境，如要有明亮而柔和的光线；家具和墙饰色调要采用柔和的暖色调和适当的冷色调，使婴幼儿保持安静专注的状态；有舒适的书桌和座椅；还可以铺上地垫，既舒适又可以减少噪声。

5. 丰富性和深入性原则

功能室的设置应能满足婴幼儿在分班活动室中不能满足的兴趣发展和交往需要的空间要求，以及添置分班活动室难以放置的形象性和素材性的中大型玩具的要求。所以，功能室应有内容丰富和全面的材料，能为婴幼儿提供挖掘某方面潜能的机会。

功能室应按其专用功能定位配备相应的设施设备、专门的玩教具和活动材料。例如，美工创意室既要提供各类纸张、画笔、颜料等常规材料，又要提供树叶、碎布、塑料瓶等非常规材料，还要提供作品展示墙和橱柜等设施。

6. 专人专管原则

托幼园所内各个角落都应有专人管理，而功能室的管理要求则十分精细，除了保证卫生外，还有器皿的维护、材料的增添、环境的布置和更新、损坏方面的及时上报和维修等。这些方面的落实都需要专人专管，这些专人最好是管理经验比较丰富的教师，同时要在园所内形成"一人来看护，众人来维护"的良好氛围，以有效提高功能室的活动质量。

二、托幼园所功能室环境规划

《托儿所、幼儿园建筑设计规范》指出，功能室位置需要临近婴幼儿的生活区。《幼儿园工作规程》指出："幼儿园的园舍应当符合国家和地方的建设标准，以及相关安全、卫生等方面的规范，定期检查维护，保障安全。幼儿园不得设置在污染区和危险区，不得使用危房。幼儿园的设备设施、装修装饰材料、用品用具和玩教具材料等，应当符合国家相关的安全质量标准和环保要求。"理想托幼园所的设计与规划，应从教育性与功能性、安全性与挑战性等多个角度出发，力求突出托幼园所的特点，满足婴幼儿发展的多方位需求，尽力为婴幼儿创设一个良好的学习和生活的空间。[①]

———————————
① 李志英. 对幼儿园环境合理规划与设计问题的几点思考 ［J］. 幼儿教育研究，2015（5）.

学习笔记

岗课赛证

教资考试考点
托幼园所功能室环境规划的基本要求是什么？

学习笔记

（一）功能室环境规划的基本要求

托幼园所教师在规划功能室环境时，应以婴幼儿的兴趣和发展需要为出发点，以满足婴幼儿在语言、动作、认知、情感、社会性等多方面的发展需要为目的，激发婴幼儿和功能室环境发生深度交互，促使婴幼儿自由探索。让功能室丰富的教育环境充分发挥作用，多元化的材料和教育因素最大限度地满足婴幼儿学习和发展的需要，让婴幼儿在愉悦的活动体验中身心得到全面和谐发展。

1. 功能室环境规划目标要与教育目标一致

托幼园所教育目标是根据教育目的并结合婴幼儿教育性质和特点提出来的，功能室环境应当对婴幼儿有启发、引导和教育作用，婴幼儿能在与环境的相互作用中主动去学习和发展。例如，为了增强托班、小班婴幼儿的自理能力，教师可以在功能室内设置扣纽扣、拉拉链的可操作墙面；还可以在区角（种植区）投放一些给植物浇水、松土等的操作材料，既能调动婴幼儿的积极性和参与性，又能锻炼其动手能力。

2. 功能室环境规划要契合婴幼儿身心发展特点

托班婴幼儿的思维是在动作中进行的，离开了动作就没有了思维，属于低阶的直觉行动思维。小班幼儿的思维活动离不开对事物的直接感知，并依赖于其自身的行动，然而比起直觉行动思维有了较大发展。中班幼儿的思维属于具体形象思维，中班幼儿能根据事物的表面属性概括分类。大班幼儿的思维仍是具体形象思维，但抽象逻辑思维开始萌芽，合作意识和规则意识也逐渐增强。

基于婴幼儿身心发展的年龄差异，在开展游戏活动时，应根据本班婴幼儿的身心发展特点来进行环境规划。同时，功能室环境的规划要具有动态性，给婴幼儿以新鲜感。例如，可结合一年四季的交替变化，设置不同季节的环境规划，使婴幼儿能较为直观地感受和体验不同季节的特征，从而激发其对大自然的热爱之情。

3. 功能室环境规划要重视婴幼儿的参与

《3—6岁儿童学习与发展指南》指出，创设丰富的教育环境，最大限度地支持和满足幼儿通过直接感知、实际操作和亲身体验获取经验的需要。"环境创设不仅仅是为了环境呈现时形式上的完美，更在于环境创设过程中儿童自身创造性的生成。"[①] 婴幼儿要成为环境创设的主人，积极参与环境创设活动。例如，在开展主题活动"炎热的夏天"时，教师引导大班幼儿根据主题来思考和讨论，并用绘画的方式描绘出各种避暑的好方法，设计出款式新颖、颜色漂亮的泳衣，

---
① 蒋晨. 幼儿园支持性环境的创设［J］. 学前教育研究，2013（2）.

还将绘画成果设置为主题墙的内容。婴幼儿成为环境创设的主人，其想象力、创造力以及合作意识均会得到发展。

（二）功能室室内空间环境规划

岗课赛证

教资考试考点
在进行功能室室内空间环境规划时应注意哪些事项？

功能室室内空间环境规划主要涉及功能室室内空间环境的布局规划和收纳柜体安排、教具玩具与活动材料收纳规划两个方面。

1. 功能室室内空间环境布局规划

托幼园所功能室室内空间环境的布局规划要秉持从教育出发、又回到教育的理念，创设会"说话"的功能室空间环境，让功能室成为轻松愉悦、自由畅想的儿童乐园。

第一，功能室空间环境是一种课程形态，应满足婴幼儿发展的需求。托幼园所在规划和布局功能室空间环境的时候，要将功能室空间环境作为一种课程形态，赋予功能室活动内容的多样性，以便支持婴幼儿的探究和学习，满足婴幼儿的发展需求。托幼园所的教师应充分利用功能室空间环境促进婴幼儿的发展，支持、启发、鼓励和引导婴幼儿与环境相互作用，使婴幼儿在自由选择、主动学习的活动和游戏中收获成长。

基于功能室空间环境教育作用的特殊性，对功能室功能布局需要做好整体规划：功能室室内空间环境的创设和材料的投放要贴合功能室的教育目标指向；设计者的布局思路要符合婴幼儿身心发展需求；还要赋予功能室活动内容的多样性，以利于引导婴幼儿进行多样性活动。条件允许的托幼园所，可以考虑适当预留一些独立的娱乐和学习区域，使婴幼儿能够在一个相对开放的空间内，发展自己的交往能力和探究能力，以引领婴幼儿向更高水平发展。

第二，功能室室内空间环境规划要体现适宜性和适用性。功能室环境的空间规划要秉持以婴幼儿为中心的理念，支持婴幼儿主动地与空间发生联系，因此，功能室室内空间环境的布局要体现适宜性和适用性。

一是适宜性。适宜性指为婴幼儿提供的功能室环境，应该是适宜婴幼儿的年龄阶段、认知发展水平，以及生理和心理特点的；也应该是适宜每一个婴幼儿发展的；婴幼儿通过与功能室环境互动所得到的发展也是符合他们自身特点的。功能室空间分配要合理、适宜，尽量采用紧凑式设计，避免空间的浪费，既要做到小环境的独特性布局，又不破坏大环境的整体性，与大环境浑然一体。

二是适用性。功能室环境空间的布局要以婴幼儿的视角为出发点，创设有利于婴幼儿发展且深受婴幼儿喜爱的功能室环境。设计者首先要考虑的是功能室是否适用于婴幼儿的生活和学习，即要让功能室真正为婴幼儿的发展服务。例如，托幼园所在设计上往往采用集体功能室、综合功能室、保健室、卫生间、

学习笔记

寝室等功能融为一体的配套活动单元，将婴幼儿日常活动与生活的室内场所组合在一起，使各班活动空间相对独立，以减少干扰。

第三，室内设备设施的配置应与婴幼儿年龄特征相吻合。婴幼儿身心发展特征是规划、布局功能室室内设备设施的基本依据，设备设施的设计和选取要符合儿童人体工学的要求，并充分考虑使用的安全性和方便性，努力创造出适合婴幼儿学习和生活的"家"空间。

例如，研究表明，婴幼儿头部转动的适宜度范围是左右45°，上下30°，若是超出了这一范围，婴幼儿就会感到不适。在功能室墙壁的装饰方面，应当尤其注意将婴幼儿的视线作为要求，在离地面50cm的位置开始往上装饰，让婴幼儿能够平视。功能室室内家具的高度及家具位置安排要符合婴幼儿的使用特点，方便婴幼儿使用。家具、教具应配置科学、陈列合理，避免干扰婴幼儿日常生活及活动。

第四，满足婴幼儿的天性开发和创造需求。功能室是体现托幼园所教育特色最浓厚的地方。功能室空间环境规划要突出趣味性，突破封闭、隔绝的模式，营造良好的游戏互动空间，以利于婴幼儿开发和创造，培养其思维能力和行动能力，促进其全面成长。

功能室投放材料要有计划、有目的，即要根据功能室活动内容提供丰富多彩的材料。例如，如果活动的教育目标是发展婴幼儿的粘贴能力，美术美工室就要投放足够的、多种多样的包装纸、彩带、叶子等材料，便于婴幼儿选用，以创造出形态迥异的"粘贴"作品。

功能室材料的投放要由易到难、由浅入深，有序提供多种操作性材料，让婴幼儿保持对活动的新鲜感，激发其创造的愿望。婴幼儿正是在与环境和材料相互作用（探索—发现—再探索—再发现）的过程中，建构自己的认知，获得情绪情感的满足，身心得到发展的。

"高品质"和"特色化"的功能室为托幼园所赋能：引领婴幼儿在科学发现室走近科学、探究科学，沉浸于科学发现的世界；在创意工坊（美工坊、木工坊、陶工坊等）自由选材、自由创作，发现美、欣赏美、创造美，释放想象力，畅游在艺术创作的海洋中；在图书阅览室与经典绘本大师"对话"，激发早期阅读兴趣，培养"阅读脑"；在食育坊锻炼生活技能，体验劳动快乐，感受美食制作的乐趣……

2. 功能室收纳柜体安排、教具玩具与活动材料收纳规划

功能室要规划配备充足的收纳柜、桌椅、隔板等多元化物品收纳空间。功能室整洁有序的空间，能帮助婴幼儿更好地度过秩序敏感期。创设舒适的学习、

生活环境，是功能室室内环境规划中的重要部分。

功能室收纳柜的规划是室内空间环境规划的重点。当前，托幼园所室内空间柜体设计主要有开放式、嵌入式、隐藏式、多功能式等几种模式，具体采用何种模式，要综合经济预算、功能室的面积与空间净高、功能室主题与园所课程特色等多种因素来考量，还要与功能室整体装饰装修风格保持一致，将收纳与展示融为一体，达成"美美与共"的效果。

托幼园所功能室教具玩具与活动材料的收纳也要做好规划设计（见表3-1）。

表 3-1　托幼园所功能室教具玩具与活动材料的收纳规划

收纳器皿	收纳物品
圆形小桶	彩色铅笔、水彩笔、剪刀、转笔刀等日常学习用具
置物架、绘本架	教辅用书、图书、绘本等
（透明的）多层隔板的收纳架	小型玩具（如小汽车，小玩偶）等
挂钩、夹子（粘贴或挂在墙面、柜面等较低位置）	毛巾等日常生活用品
纸袋、塑料收纳筐	拼图、积木等小物件
纸筒、挂袋、边角挂篮	毛绒玩具等

更为重要的是，要注意引导和培养婴幼儿的自主收纳、整理能力。《幼儿园教育指导纲要（试行）》明确提出，"鼓励并指导幼儿自理、自立的尝试"。在游戏活动中用到的教具玩具与活动材料，要引导婴幼儿自主收纳，并进行归类、归位，值日生要做好桌、椅、小凳等的归位工作。家园密切配合，教师、家长共同督促和帮助婴幼儿掌握物品收纳的技巧，了解收纳的好处，养成自主收纳的好习惯。在此基础上，教育婴幼儿保持室内环境干净、整洁，培养其良好的卫生及生活习惯，促使其形成良好的秩序感。

（三）功能室环境规划的表现特征

托幼园所功能室环境规划应体现出如下特征。

1. 安全性

进行功能室环境创设要把安全放在首位。功能室环境安全包括保证婴幼儿身体安全和心理安全。身体安全主要指避免外界物质对婴幼儿身体造成伤害。心理安全主要指拥有良好的师幼关系、同伴关系以及合理的一日生活等，即婴幼儿能够感受到教师的关心和爱护，能够感受到同伴对自己的欢迎和接受，能够在一日生活中得到尊重和爱，体验良好。

岗课赛证

教资考试考点
托幼园所功能室环境创设要注意哪些问题？

学习笔记

2. 教育性

陈鹤琴的"活教育"理论强调环境对婴幼儿发展的重要作用。婴幼儿对事物的认识，大部分是通过环境的影响而获得的，婴幼儿是在与环境的互动中逐步成长的。教师要让环境"说话"，尽可能使环境与婴幼儿互动。

功能室环境是托幼园所课程的重要组成部分，是实现托幼园所教育目标、促进婴幼儿全面发展的途径与手段。功能室环境创设要有明确的教育目的，要在国家教育方针和托幼园所教育理念的指引下，有目的、有计划地针对婴幼儿身心发展特点来进行。功能室的所有设施和材料，应有合理的设计和配置，以充分发挥功能室环境的教育功能，如能够引导婴幼儿主动探索，培养婴幼儿的思维能力等，达到促进婴幼儿和谐发展的目的，寓教育于无声处。

3. 参与性

参与性是指在功能室环境创设中，重视婴幼儿作为学习、发展的主体的参与作用，强调环境创设是教师与婴幼儿共同参与和共同完成的过程。

陈鹤琴指出："通过儿童的思想和双手所布置的环境，可使他对环境中的事物更加认识，也更加爱护。"[①] 发挥环境创设促进婴幼儿身心发展的作用，充分调动婴幼儿的主观能动性，使其积极地动手操作，获得真实感受。婴幼儿作为学习的主体，真正参与环境创设获得实际体验的作用远胜于教师创设的现成环境对其产生的影响。

实践证明，婴幼儿参与的环境布置对其自身具有巨大的吸引力。在环境创设过程中，婴幼儿全身心投入，其责任感、自信心、成就感等良好的心理品质也在这一过程中得以逐步形成。

要有效达到婴幼儿积极参与功能室环境创设的目的，教师还应该做到以下几点。

其一，转变观念。成人尤其是教师应摒弃婴幼儿"越帮越忙"的思想。试想，如果托幼园所功能室的材料和物品都是现成的，与婴幼儿无关，婴幼儿能够产生与之互动的兴趣吗？

婴幼儿是托幼园所环境的主人，参与环境创设是婴幼儿的权利，他们对环境创设具有发言权。婴幼儿通过参与环境创设能够获得多方面发展。

其二，激发兴趣。兴趣是婴幼儿参与活动的原动力。教师应丰富婴幼儿的生活经验，指导婴幼儿把经验运用于环境创设中，使其在环境创设活动中体验到成功的喜悦。婴幼儿获得的成功体验越多，他们参与环境创设的兴趣就越强，由此便可形成良性循环。

---

① 陈鹤琴. 陈鹤琴教育文集：下卷［M］. 北京：北京出版社，1985：163.

其三，多给机会。不同年龄阶段的婴幼儿参与环境创设活动的程度不同，但每个年龄段的婴幼儿都应得到参与环境创设的机会。

其四，积极评价。教师要特别关注环境创设中婴幼儿的探究和操作过程，关注婴幼儿的需求和发展水平，对婴幼儿参与环境创设的行为和结果给予积极评价，引导婴幼儿的发展向更高层次递进。

4. 动态性

功能室环境创设要以婴幼儿的生活经验为基础，根据课程目标和幼儿发展需要不断变化，跟随季节的交替不断更新。动态创设托幼园所功能室环境，还要与时俱进，体现时代主题。

功能室环境创设还要注意"留白"，即留出一定空间，留出一些空地。"留白"实际上是留给婴幼儿一部分再创作的空间，以激发他们的参与意识，体现的是环境创设的互动性。如果教师创设的内容太过丰富，没有留给婴幼儿任何发问、想象、拓展的空间，则不利于培养婴幼儿的发散性思维和探索创新能力。

5. 开放性

功能室环境创设不仅要考虑托幼园所内部环境要素，也要重视外部环境要素，在空间、内容、方式和参与者等方面体现开放理念，形成开放的托幼园所环境系统。

一是对外开放。脱离托幼园所外部环境进行园所封闭式教育是有局限性的。托幼园所应采取积极的态度，利用开放的教育环境对婴幼儿进行教育，主动与外界沟通、融合，获得家庭和社区的支持和配合，指导家长和社区成员进一步了解婴幼儿、教育婴幼儿。托幼园所与社区、家庭有机结合，共同促进婴幼儿健康成长。

二是对内开放。即功能室环境对婴幼儿完全开放。活动区的规则不能限制婴幼儿活动、学习的自由。但要注意的是，对于托班、小班的婴幼儿来讲，因为其身体的自控和管理能力较差，宜实行开放与半开放相结合的原则。

6. 丰富性

丰富性是指托幼园所应根据婴幼儿身心发展特点，为婴幼儿提供足够的、合理的、适宜婴幼儿身心发展水平并具有多重教育价值的环境条件，支持婴幼儿与多种材料发生交互作用，促进婴幼儿获得多方面的发展。坚持丰富性原则应该结合"生态化"的取向，为托幼园所创设"生态化的环境"。因此，功能室环境创设的丰富性不是一味地求多，而是应做到整体适宜。

其一，创设丰富的环境空间。功能室环境应包含丰富多样的活动空间，做到室内、室外活动场地多样化，动态、静态活动区域合理划分，集体、小组和个人活动空间相辅相成，以满足婴幼儿各类活动的需求。

其二，提供丰富的环境材料。数量上，应考虑材料的多样性。每个活动区域内要有足够的操作材料来唤起婴幼儿的经验，满足婴幼儿共同游戏的需要。结构上，要考虑到材料的层次性。既要考虑高结构的成品材料，也要考虑低结构的半成品材料和无结构的沙、水等材料的投放。时间上，应结合循序渐进原则，渐进式投放材料。婴幼儿不仅可以根据自己的年龄特点和兴趣来选择材料，还能随着投放材料的进程，通过与新投放材料的互动，不断提升自身的能力。

其三，创设多样的活动区。首先，要注意兼顾静态活动区和动态活动区、用水活动区和不用水活动区、集体活动区和个别活动区。其次，要考虑到有些活动区是相对固定的（如多媒体互动区），而有些活动区则随课程、主题变化而变化。最后，婴幼儿活动既有合作分享的需求，也有个人探索的需求，在设置活动区时要分别考虑集体的需要和个别的需要，既要有可以让全班婴幼儿活动的集体活动区，也要有能够满足2～6名婴幼儿进行室内和室外互动的小活动区，还可以创设供婴幼儿个人活动（如阅读）的私密区。

7. 因地制宜性

其一，将本土自然资源、人文资源与托幼园所自身条件相结合，因地制宜，打造出具有本土特色的托幼园所功能室。例如，在北京就有这样一所幼儿园，它将现代建筑与传统的四合院巧妙结合，相得益彰，创造出了一种优雅又实用、古典又现代的融合之美，展现多层次的城市历史和谐并存的场景。

其二，每所托幼园所的地形、地貌、周边环境、建筑格局、总体设计等各不相同，要充分挖掘和利用空间，构建丰富的、具有园所特色的环境，没有必要费时、费力、费钱去模仿其他园所。

三、不同功能室的环境创设

（一）美术功能室的环境创设

美术功能室是托幼园所为开展艺术（美术）领域教育活动而专门设置的功能室。美术功能室是实施美术课程、开展美术活动的重要场所，配备有画架、画板、画笔、静物、展示台等美术器材，以及现代化的交互式电子白板等多媒体设施，为婴幼儿美术素养提供了一个个性化的发展空间。

《3—6岁儿童学习与发展指南》指出："幼儿艺术领域学习的关键在于充分创造条件和机会，在大自然和社会文化生活中萌发幼儿对美的感受和体验，丰富其想象力和创造力，引导幼儿学会用心灵去感受和发现美，用自己的方式去表现和创造美。"美术功能室除了要配备相应的美术器材，便于婴幼儿开展绘画活动，更要有美观大气的环境布局，激发婴幼儿审美欲望和创作灵感，使其在自由、轻松、和谐的气氛中，提高自身感受美、发现美、表现美和创造美的能力。

美术功能室要保证足够的室内空间以及较好的采光效果，在环境设计上要考虑整体的美观与园所风格的统一协调，以婴幼儿的审美能力得到提升为出发点和落脚点。

1. 美术功能室的布局设计

美术功能室的布局设计应以婴幼儿的安全和行动方便为基准，从区域功能、活动内容两方面切入，以达到整体布局的开放性和围合性。同时，在平面上设计空间造型，如流线型、左右穿插式结构等，增强婴幼儿探索欲和好奇心。（见图 3-1）

图 3-1 美术功能室的布局设计

2. 美术功能室材料的选择与投放

美术功能室的材料包括绘画工具、纸工工具、泥工工具、自然材料、美工日常生活材料以及作品展示架、画架等。投放的材料应多元化。在对美术功能室进行环境创设时，建议多投放能循环使用的婴幼儿在生活中常见的材料，如PVC管、瓶子、废旧厨具、卷纸筒、毛线等，让婴幼儿能直观感受到"艺术来源于生活"。

教师要有计划、有目的地投放材料。要保持材料投放的动态性，既不能盲目地投放，也不能一成不变，要根据婴幼儿活动情况及时进行调整和补充材料，如此才能不断吸引婴幼儿积极参与艺术活动。多样化的环境与材料可以激发婴幼儿的创意思维和操作欲望。（见图 3-2）

学习笔记

8Reason

图 3-2　美术功能室的材料及婴幼儿创意作品

3.美术功能室原生态材料的巧用

　　自然界丰富的事物和现象是婴幼儿形成美感的源泉。教师应利用周围的自然环境引导婴幼儿观察、感受和欣赏美的事物。[1]例如，石头、树枝、木片、树皮、树藤等就是源于大自然的原生态材料。

　　教师引导婴幼儿利用原生态材料开展各种有趣的美术活动，让婴幼儿去亲身体验、感知，通过摆弄操作和创意制作，体验活动带来的乐趣。例如，引导婴幼儿制作树叶标本、树叶书签、树叶粘贴画，利用树枝和稻草搭建小房子、鸟窝等。教师可以在美术功能室内设置作品展示墙，将婴幼儿的美术作品定期进行展示，以调动婴幼儿美术创作的积极性。

　　美术创作的灵感大都来源于生活和自然，大自然中的美术教育资源是取之不尽、用之不竭的。教师可以将自然资源融入婴幼儿美术教育活动中，以此培养婴幼儿的美术意识，激发婴幼儿美术学习的主体意识。[2]（见图 3-3）

---

[1]　严春霞.随心随画——对幼儿美术活动材料选择的思考［J］.湖北师范学院学报（哲学社会科学版），2016（2）.
[2]　夏凤.自然资源在幼儿美术教学活动中的运用［J］.学周刊，2022（6）.

图 3-3 美术功能室的原生态材料

（二）科学发现室的环境创设

《3—6 岁儿童学习与发展指南》指出："科学学习的核心是激发探究兴趣，体验探究过程，发展初步的探究能力。"托幼园所科学发现室是实现婴幼儿在科学领域自主探究的重要场所。科学发现室通过提供适合婴幼儿发展水平与需要的各类物质材料，激起婴幼儿的好奇心。教师要善于发现和保护他们的好奇心，引导他们通过观察、比较、操作、实验等方法，学习发现问题、分析问题和解决问题；帮助他们不断积累经验，并将经验运用于新的学习活动中，形成受益终身的学习态度和能力。[1]

1. 科学发现室的空间布局与设计

婴幼儿对一切都充满着好奇心，良好氛围的营造会激发婴幼儿强烈的探究欲。

科学发现室的环境应具有创意感和神秘感，比如在空间设计方面可以创设星空点缀的效果或者装饰各种星体造型类的吊灯，使其与整体空间相呼应，呈现奇幻而美妙的科学环境。

科学墙也是进行科学教育的重要阵地。教师可以将部分墙面设置为科学探索墙，如利用机械齿轮、风力发电装置、轴对称图案等对墙面进行装饰，引导婴幼儿去观察、探索、操作和学习，激发婴幼儿的认识兴趣和探究欲望。（见图3-4）

① 谢秀娟. 幼儿园大班科学区域活动的实践研究［J］. 学周刊，2020（19）.

点亮心灯

注重科学思维方法的训练和科学工程伦理的教育，培养学生探索未知、追求真理、勇攀科学高峰的责任感和使命感，培养学生精益求精的大国工匠精神。

图 3-4 科学发现室的空间布局与设计

2. 科学发现室活动材料的投放

在科学活动中，教师可以根据活动的进程，分层次提供活动材料，实现由浅层次的学习到深层次的探究。教师也可以根据婴幼儿的生活经验、科学知识、认知水平等方面的差异投放不同层次的材料，这样所有婴幼儿在科学探究活动中都将获得应有的发展。[①] 教师应遵循婴幼儿年龄特点，根据不同年龄段，引导婴幼儿用多种方法操作同一材料，最大限度地挖掘材料教育价值，达成多个教育目标。[②]

在科学探究活动中应投放种类繁多、数量充足的材料，给婴幼儿提供较多的选择机会。用收纳柜对科学发现室的活动材料进行分类和有序摆放，以供婴幼儿自主选择，也能避免婴幼儿因为同时想玩一种材料而出现争执或等待的现象。（见图 3-5）

图 3-5 科学发现室活动材料摆放

① 向秀萍.幼儿园大班科学活动材料投放的特点及策略研究［J］.名师在线，2020（22）.
② 王薇华.科学投放区域活动材料［J］.幼儿教育，2003（6）.

任何教育活动的开展都要以保证婴幼儿的安全为前提。在开展科学活动前必须对材料进行安全检查，确保婴幼儿接触的是无毒、不会造成伤害的材料。对于一些原材料，教师必须进行彻底的清洁与消毒，确保科学实验活动安全、顺利地开展。[1]

3. 科学发现室的合理分区

对科学发现室进行区域划分时，要注意动静分离。安静的桌面操作区和科学类图书可以安排在相邻的区域；需要进行活动的区域应避开安静的区域；靠边区域可放置一些低矮的开放式立柜，方便婴幼儿在活动期间自由选择、拿取材料。（见图 3-6）

图 3-6　科学发现室活动区域

（三）木工功能室的环境创设

一般情况下，基于婴幼儿年龄、动手能力及安全等因素考量，托育机构较少开辟木工功能室，幼儿园也多在中班、大班中开展木工创意活动，较少带领小班幼儿进入木工功能室参与活动。著名教育家陶行知的"六解放思想"倡导要解放幼儿的双手，开展动手实践活动。[2] 木工创意活动可以培养幼儿的专注力与耐力，让幼儿在连接、敲打、拼装的动手过程中积累丰富的实践经验，并形成一定的创新思维和创造能力。在木工功能室的创意活动中，幼儿自由选择同伴、自主选择游戏材料，不断建构自己的经验，获得富有个性的发展。[3]

1. 木工功能室的环境氛围

木工功能室必须具备有效的通风措施，优先采用自然通风。木工功能室的整体空间色调可以原木色为主，搭配一些其他色调，营造出自然舒适的环境风格；内部可采用木质的装饰物点缀，凸显特色。（见图 3-7）

---

① 向秀萍.幼儿园大班科学活动材料投放的特点及策略研究［J］.名师在线，2020（22）.
② 杨明霞.陶行知"六大解放思想"培养幼儿创造力的实践探索［J］.华夏教师，2019（8）.
③ 楼丽.幼儿园大班特色木工坊的设置与探究［J］.科普童话，2016（29）.

学习笔记

点亮心灯

要注重学思结合、知行统一，增强学生勇于探索的创新精神、善于解决问题的实践能力。

图 3-7　木工功能室一角

2.木工功能室的布局要求

木工功能室的布局应依照幼儿的行动流程，防护区在前，其他区域在后。木工功能室的功能区域应分布明确，设置教师演示区、防护区、作品展示区、手动工具区（可加配胶枪区）、材料区、木工操作区。空间功能区的划分有利于空间的合理利用，方便幼儿进行操作活动。

3.木工功能室的材料和设备

在进行木工功能室环境创设时，应围绕幼儿的特点：有适合幼儿专用的木工桌椅，有可供幼儿安全使用的木工工具，有方便幼儿储存材料和作品的低矮储存立柜等，给予幼儿安全、适宜而足够的学习与创造空间。

木工功能室配置的工具在材质选用及设计方面应符合幼儿的使用需求。常用的木工工具有：锯子、刨子、锉刀、锤子、台虎钳、手摇钻、砂纸、胶水、铅笔、直角尺、直尺等。

4.木工功能室的安全管理

木工课教师必须接受过较为严格的幼儿木工安全培训，考核合格后才能进入木工功能室教授幼儿木工操作。木工功能室内应设置消防设施和急救箱。

木工功能室的墙面上应张贴安全操作知识，工具区的工具取拿处应张贴图文结合的警示标语，还要为幼儿提供木工坊专用的防护装备，如护目镜、手套、围裙、袖套和幼儿安全帽等，以保证幼儿在操作过程中的安全。（见图3-8）

图 3-8　木工功能室的防护装备

木工功能室的地面应采用耐磨、防滑、易清洁的材料，并进行防潮处理。

电动工具操作电源线和照明电源线应分路设置。电源插座应采用安全型，电源插座数量及位置应满足使用需求。

（四）阅览室的环境创设

阅读不仅对婴幼儿的语言发展有促进作用，还有助于其智力、创造性思维、开拓性思维的发展。良好的阅读环境，能极大地激发婴幼儿的阅读兴趣。图书阅览室要为婴幼儿营造良好物质环境和精神环境，让婴幼儿在与环境的交互作用中得到发展。[1]

1. 阅览室的空间设计与布局

阅览室的采光要好，室内整体色调的搭配要有助于营造宁静舒适的阅读氛围。阅览室的书架适宜分开摆放，可以靠墙布置，也可以根据阅读材料的性质分组规划放置。阅览室的桌椅要与婴幼儿的身高相匹配，桌椅可成组摆放，还可以摆放沙发、软垫、地毯等，这些设施在色彩、造型、材质、软硬程度、大小方面各不相同，婴幼儿在这温馨、宽松、自由的环境里尽情地享受阅读的快乐。[2]（见图3-9）

图 3-9 阅览室的空间设计与布局

2. 阅览室的区域划分

根据不同年龄婴幼儿的阅读特点，可将阅览室分为静态阅读区和动态阅读区。在静态阅读区，教师可为婴幼儿提供图书、图片等静态阅读材料；动态阅读区又包括自由阅读区、表演区、修补区、自制图书区等。[3]

教师还可以将阅览室划分为三个区域：开放区域、半开放区域和封闭区域。开放区域陈列着大书，可以让小班幼儿看看讲讲，也可以开展集体阅读欣赏活动；半开放区域中既有故事图书、手偶，可以让幼儿看看讲讲，也有其他图书，便于幼儿取阅；封闭区域则更适合大龄幼儿，这里的图书摆放有序，幼儿可以根据自己的喜好选择不同类别的图书来阅读。（见图3-10）

① 林洁.幼儿园图书阅览室的创设与利用[J].幼儿教育研究，2015（6）.
② 龚亮，顾立群.有吸引力的阅览室[J].幼儿教育，2008（19）.
③ 林洁.幼儿园图书阅览室的创设与利用[J].幼儿教育研究，2015（6）.

图 3-10　阅览室的区域划分

3. 阅读材料的多元化

教师要根据婴幼儿的年龄特点和认知水平，为婴幼儿提供社会生活类、传统文化类、认知类、益智类、科普类、绘本故事类等各类具体、形象、生动的读物，以满足各年龄段婴幼儿的阅读需求，激发其阅读兴趣，在潜移默化中培养其良好的阅读习惯。

4. 婴幼儿良好阅读习惯的培养

教师要教导婴幼儿爱惜图书，如不撕扯图书，不在图书上乱涂乱画等。针对不同年龄段的婴幼儿，运用不同的方法，引导他们学习阅览室借阅常规。例如，可以借鉴成人图书馆的"借书卡"制度，引导婴幼儿有序借阅、物归原处。

管理阅览室的教师还可以分类制作简单易懂的标识，如在墙上贴一些提示幼儿安静阅读的图片；在地毯周围的地板上贴上小脚印，提示幼儿走上地毯前要脱鞋；在破了书角的书上贴宝宝哭泣的小图片，引导幼儿轻轻翻书。这些标识均有助于婴幼儿养成良好的阅读习惯。（见图 3-11）

图 3-11　阅览室的图书分类标识

（五）食育生活体验馆的环境创设

创建托幼园所食育生活体验馆是开展食育的重要手段之一，科学合理、理念先进的食育生活体验馆可以给婴幼儿提供良好的学习成长空间。

食育生活体验馆践行"生活即教育"理念，为婴幼儿创设真实的体验场景，使用真实的器皿食材，精心设计花样百出的主题食育活动，比如"端午节食育活动""中秋节食育活动"等。通过食育活动，婴幼儿不仅初步学习了如何制作食物，养成了良好的饮食习惯，更重要的是通过体验与分享活动，学会了珍惜，懂得了感恩。[①]

1. 食育生活体验馆的设计与布局

食育生活体验馆创设最重要的原则是基于婴幼儿视角。园所在进行食育生活体验馆的设计与布局时要与家长、专家交流探讨，通过园所、家长、专家三方共同研究探讨，进行本土化的设计和创新。[②] 食育生活体验馆根据实际的需求可以划分为清洗区、操作区、烹饪区和收纳区。其中，清洗区用于清洗食材、餐具和锅具，操作区用于食材的加工，烹饪区用于食品的制作，收纳区则用于收纳各种器皿，有条件的场所还可以开设食物展示与品尝的区域。[③]

2. 食育生活体验馆设施物品的配备、氛围的营造

食育生活体验馆应配备齐全的设施物品，如桌椅、冰箱、烤箱、消毒柜、收纳柜、操作台、食物展示区和准备材料区等。室内装修宜选择暖色系作为主要基调，如灯光的色调可设置成暖黄色，以营造一种温馨的氛围，进而激发婴幼儿制作食物的兴趣。婴幼儿若能从心理上感到自己是这里的主人，在进行活动时则会更加积极主动。

3. 食育生活体验馆地面防水、防滑的处理

食育生活体验馆对地面的设计要求比较高。婴幼儿在清洗、操作的过程中都需用水，因此地面要做到防滑、防霉、耐磨和易清洁。在选择地面材料时，托幼园所要尽量避免使用木质地板，推荐使用防滑、有纹路的地砖，仿效家庭厨房和卫生间的地面，使用耐滑且易干燥的地面材料。

4. 食育生活体验馆餐桌椅的设计

食育生活体验馆的主要使用群体是婴幼儿，因此要为婴幼儿营造一个安全、舒心、健康的环境。食育生活体验馆所选择的餐桌椅必须是适合婴幼儿身高的，而且要对边角进行磨圆处理，避免尖锐的边角对婴幼儿造成伤害。餐桌椅还要轻便且易于婴幼儿搬动，能随时根据活动需要进行调整组合。

---

① 窦祖红，马红梅．基于食育视角的幼儿园生活体验馆的创建策略［J］．教育观察，2020（12）．
② 王秀珠．幼儿食育教室的布局设计分析［J］．科教导刊（电子版），2019（9）．
③ 窦祖红，马红梅．基于食育视角的幼儿园生活体验馆的创建策略［J］．教育观察，2020（12）．

学习笔记

◀ **实践与运用** ▶▶▶

请结合实践，谈谈功能室环境创设与婴幼儿身心发展的关系。

学习效果检测

一、单项选择题

1.教师在创设托幼园所环境中的重要作用是（　　）。

A.指导者、引导者　　　　　　　　　　B.控制者

C.组织幼儿参与环境创设　　　　　　　D.准备环境、控制环境、调整环境

2.班级里的科学区、美工区等需要用水的区域，可以设置在靠近水源的地方，图书区要设置在相对安静的地方，这体现的区域布局策略是（　　）。

A.独立与整合分区　　　　　　　　　　B.固定与临时分区

C.干湿与动静分区　　　　　　　　　　D.个人与小组分区

3.托幼园所活动区的氛围应该（　　）。

A.尽量温馨、紧张和自由　　　　　　　B.尽量温馨、宽松和自由

C.尽量温馨、宽松和封闭　　　　　　　D.尽量温馨、紧张和封闭

4.托幼园所区域活动材料投放的原则不包括（　　）。

A.安全性　　　　　B.超前性　　　　　C.丰富性　　　　　D.层次性

5.托幼园所环境创设的目标应该（　　）。

A.与家长教育目标不同　　　　　　　　B.与托幼园所教育目标一致

C.与教师教育目标不同　　　　　　　　D.与托幼园所教育目标不同

6.下列不属于托幼园所户外场地的是（　　）。

A.水泥地　　　　　B.花草地　　　　　C.走廊　　　　　D.泥土地

7.活动区的材料投放应注意安全性、可操作性、适宜性和层次性、（　　）、丰富性。

A.探究性和引导性　　　　　　　　　　B.引导性和开放性

C.开放性和一致性　　　　　　　　　　D.一致性和探究性

8.墙饰的装裱应考虑安全环保，下列材质不能用的是（　　）。

A.KT 板　　　　　　　B. 木条　　　　　　　C.卡纸　　　　　　　D. 玻璃

9.（　　）明确指出"幼儿园应为幼儿提供健康、丰富的生活和活动环境"，满足多方面发展的需要。

A.《幼儿园教育指导纲要（试行）》

B.《托儿所、幼儿园建筑设计规范》

C.《幼儿园工作规程》

D.《城市幼儿园建筑面积定额（试行）》

10. 一般托幼园所电源插座都设置在（　　）米以上。

A.1.0　　　　　　　　B.1.2　　　　　　　　C.1.5　　　　　　　　D.1.8

二、填空题

1.功能室环境创设目标要与_____目标一致。

2.根据不同年龄婴幼儿的阅读特点，可将阅览室分为_____和_____。

3.托幼园所教师对功能室环境进行创设时，应以婴幼儿的_____和_____为出发点，以满足婴幼儿在_____、_____、_____、_____等多方面的发展需要为目的。

4.任何教育活动的开展都要以保证婴幼儿的_____为前提。

5.婴幼儿是托幼园所环境的_____，参与环境创设是婴幼儿的_____，他们对环境创设具有_____和_____。

三、简答题

1.简述托幼园所功能室环境创设的价值。

2.简述托幼园所功能室环境创设须遵循的基本原则。

3.简述美术功能室在材料投放时应注意哪些事项。

4.简述托幼园所科学发现功能室在材料投放时应注意哪些事项。

5.简述怎样进行托幼园所阅览室的空间设计与布局。

四、论述题

托幼园所功能室环境规划应体现哪些特征？

学习评价与反思

单元 二
托幼园所活动区环境创设

学习任务单

姓名＿＿＿＿＿＿＿　　班级＿＿＿＿＿＿＿＿　　学习时间＿＿＿＿＿＿＿＿＿＿

序号	学习任务	学习建议	完成效果		
			自我评价	同伴评价	教师评价
1	婴幼儿一日生活的环境准备	文件学习：《托儿所幼儿园卫生保健工作规范》 文件学习：《3—6岁儿童学习与发展指南》			
2	托幼园所常规活动区的区域规划和创设要求	资料拓展：《幼儿园区域活动中场地规划与情境创设问题例谈》			
3	托幼园所常规活动区的设施设备和材料投放	资料拓展：《自然主义视域下幼儿室内区域活动中自然材料投放》 文件学习：《幼儿园工作规程》			
4	婴幼儿常规游戏活动环境的创设及材料投放	资料拓展：《自主性区域游戏环境的创设与材料投放策略》			
5	户外活动区的环境创设	资料拓展：《低成本有质量理念下幼儿园户外运动环境的创设策略研究》			
6	婴幼儿日常照料环境创设	文件学习：《幼儿园工作规程》			
7	婴幼儿活动区的主题环境创设	资料拓展：《幼儿园小班主题式活动区创设的思考》			
学习反思					

情境描述

　　在观摩研讨园内班级区域活动时，教研室主任提出某班的表演区环境创设比较简单，幼儿的参与性不高，其他教师也赞成教研室主任的观点。该班教师接受了其他教师的建议，在表演区用暖色调的绸布和纱幔布置了漂亮的小舞台，还添置了许多亲子自制的演出服装和演出头饰，充满了童趣，幼儿又喜欢到表演区来玩游戏了。

　　该班教师根据本班幼儿的年龄特点和兴趣爱好，对表演区的环境进行了重新规划和布置，投放了丰富的表演材料，营造出美丽温馨、宽松自由的氛围，激发了幼儿的浓厚兴趣，使表演区活动发挥出教育的实效。

请思考：

1.托幼园所在进行室内的游戏区域环境创设时要注意哪些方面？

....

....

....

2.婴幼儿日常照料环境可以划分为哪几个区域？

....

....

....

学习驿站

一、托幼园所常规活动区环境创设概述

（一）室内常规活动区环境创设的要求

托幼园所常规活动区的创设必须符合婴幼儿的身心发展规律。教师有目的、有计划地创设活动环境，划分活动区域，投放活动材料，以引导婴幼儿在宽松和谐的氛围中，按照自己的意愿和能力，自主选择活动内容和合作伙伴，主动地进行操作、探索和交往，在自由、开放的氛围中，获得个性化的发展，架构更多的关于多元文化的有益经验。[①] 室内常规活动区环境创设的要求如下。

1.活动区设置应契合婴幼儿身心发展特征

根据婴幼儿身心发展特征及需求的不同，引导婴幼儿开展系列区角活动，促进婴幼儿综合素质的发展。例如，小班的区角适合设置角色简单、分工明确的娃娃家等，以培养幼儿的交往能力；中班的区角适合设置超市购物区等，以培养幼儿的分类、计数、交往等能力；大班的区角则适合设置医院、邮局、理发店、银行等活动区，以培养幼儿的社会性。

2.活动区设置应契合婴幼儿的兴趣点

区角的设置要具有相对动态性。不断变化发展的教育环境，既有利于激发

学习笔记

岗课赛证

教资考试考点
室内常规活动区的创设要求有哪些方面？

---

① 陈沛连.精彩游戏创想 悦纳多元文化——谈幼儿园多元文化教育在区域游戏中的自然融合 [J].教育观察，2017（18）.

学习笔记

婴幼儿的求知欲和探索欲，又有利于婴幼儿个性发展和多元智能的开发。相应地，区角活动也要具有一定的动态性。婴幼儿的经验、能力、兴趣及性格各有差异，会表现出不同的兴趣点。随着年龄的增长，婴幼儿的兴趣点也在不断地变化。因此，教师在设置活动区时要契合婴幼儿的兴趣点，随着婴幼儿兴趣点的转移推动活动不断向深处发展。

3. 区域活动应与一日活动相互渗透

教师要充分发挥区角的功能，将一日活动赋予主题活动的内涵，在语言区、角色游戏区、美工区、益智区等开展婴幼儿感兴趣的日常教学活动，将日常教学活动与区域活动有机结合起来。教师按照教育目的和教学计划，设置 2～3 个主题，有目的地创设活动环境，投放活动材料；婴幼儿按照自己的意愿和能力选择参与的主题区域，进行自主学习，发挥主体性。区域活动与日常教学活动相互渗透，为每个婴幼儿提供表现自己和获得成功的机会，增强其自尊心和自信心，发展其操作能力和探索能力，最终使其综合素质获得提升。

（二）室内常规活动区环境创设的原则

1. 规划的整体性原则

根据常规活动区场地大小，进行各区域位置和活动领域的整体规划。教师在利用托幼园所内部空间创设常规活动区时，要考虑空间布局和活动内容的匹配度，即区域活动内容要与空间环境相互契合、相得益彰。

2. 布置的引导性原则

用桌子、柜子、隔板等物体将活动室划分成不同的活动区域，婴幼儿有选择的余地，方能够专注于游戏。活动区的桌子要轻便，便于婴幼儿搬动组合，柜子、隔板也尽可能可以移动，以便于婴幼儿活动需要。

用不同质地的地面铺设物如地毯、地垫等来暗示区域的界限，或者改变光的亮度，如此既界定了游戏的范围和特性，又增加不同区域之间的互动。各区域之间要留有清楚的走动线，避免正在进行中的游戏被打扰。

各个活动区需要用分隔物来划分不同的区域，分隔物的高低应根据婴幼儿的年龄特点而变换。托班、小班的婴幼儿需要相对开放的空间，分隔物不要太高，方便婴幼儿能随时看到教师，增加其安全感，也便于教师指导。中班幼儿有了一定的自控能力，分隔物以幼儿坐下来后，抬起头能够看到教师为宜。大班幼儿自我独立意识较强，分隔物最好由幼儿自己选择。

3. 区域的相容性原则

活动性质相似的区域设置在相邻的位置，使婴幼儿能够产生恰当的互动行

岗课赛证

连线职场

作为托幼园所的教师，你认为室内常规活动区的创设有哪些方法？

为，如可将娃娃家与建构区设置为相邻的区域，便于两区之间的交往。[①] 将大型建构区与小型建构区安排到一起便于激发婴幼儿的更多创意。科学区和美工区经常要用到水，可设置为靠近水源的相邻区域。

4. 材料的多样性原则

在区域活动开展过程中，教师应依据实际教学内容，结合婴幼儿年龄特点、学习情况和发展水平，有目的、有计划地投放丰富多样的活动材料。同时，结合婴幼儿的学习、发展需求，不断更新能满足婴幼儿需求的材料，并让婴幼儿自主选择材料，对自己选择的材料进行再创造。[②]

区域活动中材料的丰富性，会直接影响整个活动的质量。此外，每个区域应有装材料的分类架或托盘等，便于婴幼儿选取和整理，减少无效游戏时间。

（三）室内常规活动区的区域规划

托幼园所常规活动区是根据活动内容的类别对空间进行划分后形成的区域。一般来说，可根据空间大小或课程需要，将托幼园所每个班级的活动室分隔成若干个小型的常规活动区角，有时这些区角会延伸到走廊、大厅甚至户外等公共区域。托幼园所常规活动区通常可分为表现性活动区、探索性活动区、运动性活动区、欣赏性活动区四种类型。[③]

1. 表现性活动区

表现性活动区主要是通过投放各种开放性材料，以婴幼儿已有经验为导向，为婴幼儿提供自我表现与表达的机会，包括美工区、角色游戏区、表演区、音乐区、建构区（"建构区"的叙述见 113~114 页"建构区规划"部分）等。[④]

（1）美工区

在美工区活动时，教师应多为婴幼儿提供自由表现的机会，鼓励婴幼儿大胆想象，并按照自己的兴趣和意愿进行自我表现。教师要多关注婴幼儿的表现，并根据婴幼儿的表现对其加以指导和鼓励。[⑤] 美工区材料的投放要有连续性和动态性。

如何理解美工区材料的投放要有连续性和动态性

（2）角色游戏区

角色游戏区是促进婴幼儿社会性发展的平台，角色游戏的主题和情节源于婴幼儿的生活经验。教师与婴幼儿共同商定创设丰富的角色游戏区，架构和支持他们的学习，更好地提高游戏的质量，从而有效促进婴幼儿各方面的协调

---

① 许飞渊. 合理化班级区域环境的创设［J］. 新课程（教研版），2010（4）.
② 黄丽琳. 幼儿园区域活动的创设与指导研究［J］. 名师在线，2021（25）.
③ 游兆菁，陈婷. 基于观察的幼儿园活动区游戏推进策略［J］. 教育评论，2017（9）.
④ 余志敏. 开放性户外区域活动中幼儿学习品质培养的探索［J］. 幼儿教育研究，2018（4）.
⑤ 蒋敏. 浅谈幼儿园美工区的有效创设［J］. 名师在线，2019（4）.

发展。①

（3）表演区

表演区的游戏活动主要分为如下两类。一类是表现故事情节的，即婴幼儿依照故事、童话中的语言、情节、角色等来创造性地进行表演。②教师要善于观察、指导，投放丰富的材料，以激发婴幼儿参与游戏的积极性。另一类是表现歌舞的。教师以婴幼儿的兴趣为出发点，充分尊重婴幼儿的意愿，鼓励婴幼儿自主理解、体验、表现与创作，激发婴幼儿的丰富想象力和创造力，让他们都能感受到表演带来的喜悦和成就感。③

（4）音乐区

音乐活动的特点决定了它的开展不能安静地进行。为避免影响其他区角活动的进行，音乐区最好设置在活动室的角落。音乐区角的环境布置和装饰要丰富、有层次性，方便婴幼儿建立游戏之间的互动性。选择适合婴幼儿使用的小型乐器，如手摇铃、小型键盘、手鼓等，要求乐器材质安全无害。此外，尽量选择防滑、柔软的地面材料，如橡胶地板或地毯，确保婴幼儿在活动中的安全。

2. 探索性活动区

"对幼儿来说，探索性活动区能满足他们的好奇心并极具挑战性，使他们经历好奇、提问、尝试、发现等过程。因此，如何通过创设环境引发幼儿的认知冲突，让幼儿在不断尝试错误的过程中建构自己的经验，是教师对这类活动区的主要作为。"④

（1）益智区

益智区主要培养婴幼儿的观察、比较、分析、推理、判断等能力。教师可根据课程的目标投放各种有益于婴幼儿思维能力发展的操作材料，引导婴幼儿主动探索，进行思维提升的训练。

（2）科学区

科学操作活动能促进婴幼儿在探究过程中积极动手动脑解决问题，激发婴幼儿的探究兴趣，培养婴幼儿初步的探究意识。⑤教师通过在科学区投放适宜的、有层次性的、丰富多样的材料，激发婴幼儿参与科学活动的兴趣。通过摆弄科学材料，婴幼儿的观察能力、动手能力、参与能力、探究欲望极大增强。

① 任艳.对幼儿园角色游戏区创设的构思 [J].华夏教师，2020（13）.
② 张桂芝.幼儿园表演区游戏开展中存在的问题及解决对策 [J].学周刊，2018（25）.
③ 陈真真.幼儿园音乐表演之我见 [J].华夏教师，2020（3）.
④ 华爱华，马丽婷.探索性活动区的特点及环境创设 [J].幼儿教育，2012（31）.
⑤ 张兰珍.幼儿园大班科学区材料投放的原则及注意事项 [J].甘肃教育，2019（19）.

岗课赛证

教资考试考点
托幼园所常规活动区的区域规划有几个类型？

3. 运动性活动区[①]

运动性活动区是在户外场地上以粗大动作练习为主要内容的活动区域。教师在创设运动性活动区环境时，要考虑三大问题：一是发展婴幼儿的哪些粗大动作，二是如何提高婴幼儿的综合运动能力，三是怎样在运动中促进婴幼儿的思维发展。

（1）固定运动器械区

婴幼儿的粗大运作是通过特定的环境发展起来的，那些固定安置的大型运动器械正是按照婴幼儿基本动作练习的需要设计的。婴幼儿可以在专门的器械上练习钻爬、攀登、旋转、支撑、悬吊等。教师队伍应根据婴幼儿的年龄特点和动作发展需要，安排不同的器械区活动，以便婴幼儿各取所需，自主选择。

（2）可移动运动器械区

相比固定的运动器械，那些可任由婴幼儿移动的运动材料具有更加灵活多用的功能。按用途，可移动运动器械可分为两类。一类是教师根据婴幼儿某项运动能力的发展需要而设计或投放的能发挥特定功能的器材，如高跷、竹梯等。另一类是能够进行各种组合变化的非结构性材料，如球、圈、绳、棒、箱子、板条、轮胎等。这些材料有多种玩法，可以任意组合，婴幼儿可根据自己的兴趣和能力自主选择。

（3）自然游戏区

自然游戏区的设计同样是以婴幼儿的粗大动作发展水平和运动经验为依据的，其趣味主要体现在场地特征的多样性上。草坪、小石子路、阶梯、坡地、百草园地，以及沟渠、帐篷和小木屋……在这样的场地上活动，婴幼儿能体验各种场地特征对身体能力的不同要求（比如上坡，下坡，跨越沟渠，绕开障碍物等），获得多种运动经验。

4. 欣赏性活动区[②]

欣赏性活动区包括阅读区和展示区，主要是婴幼儿通过用眼用脑等活动方式进行理解和感受训练的教育区域，是婴幼儿增长见识、获得自主发展的重要区域。

（1）阅读区

阅读区活动是提高婴幼儿阅读能力和阅读水平的一个重要途径。有条件的托幼园所既要设置专门的图书室，也要在班级活动室内设置阅读区。班级阅读区的设置是为了让婴幼儿有机会在各种不同的活动之间随时选择阅读。阅读区

① 华爱华. 运动性活动区和欣赏性活动区的特点及环境创设［J］. 幼儿教育，2012（34）.
② 华爱华. 运动性活动区和欣赏性活动区的特点及环境创设［J］. 幼儿教育，2012（34）.

学习笔记

岗课赛证

教资考试考点

在托幼园所常规活动区投放材料应注意哪些事项？

学习笔记

的意义就在于能保持婴幼儿对图书的兴趣，使婴幼儿在自发阅读中养成阅读习惯，提高阅读能力。

（2）展示区

托幼园所班级可充分利用活动室的过道或阳台等空间，通过集中布置或分散布置图片、实物等，创设小小的展示区，供婴幼儿欣赏、分享和交流。在展示区展示各种想让婴幼儿了解的事物，让婴幼儿看自然，看社会，看得越多，婴幼儿的好奇心就越强，问题就越多，求知欲就越旺。如果托幼园所能将展示区作为一种重要的活动区加以创设，幼儿将从中受益无限。

（四）室内常规活动区的材料投放

"材料是区域活动的根本"，材料投放的合理与否直接影响婴幼儿游戏的质量。

在托幼园所常规活动区投放材料应注意以下五点。

1. 安全性

在常规活动区投放材料，要将安全放在第一位。活动区的玩具和游戏材料在使用前应进行彻底的清洁和消毒。要根据玩具和游戏材料的材质采取科学的清洁和消毒方法。保持活动区清洁、卫生。

2. 可操作性

基于贴近活动主题、贴近婴幼儿实际、贴近婴幼儿兴趣投放区域活动材料，增强区域活动材料的可操作性。对婴幼儿的兴趣做详尽调研，把握好婴幼儿的年龄特点，将婴幼儿的发展目标与投放材料的教育功能较为确切地对应起来，为婴幼儿提供尽可能多的动手、动脑以及自我表现的机会，有目的地引导婴幼儿进入区域活动中，促使每个婴幼儿在每一项具体的操作活动中获得发展。在区域活动过程中，教师是活动的参与者和指导者，应积极引导婴幼儿与材料对话，提高区域活动的教育功效。

3. 适宜性和层次性

不同年龄段婴幼儿的能力不同，对应的需求也不一样。选择投放材料时，应把握材料对同一年龄段婴幼儿的基本适宜性。与婴幼儿的年龄特点、经验、能力和需要相适应的材料，能引发婴幼儿的活动欲望。婴幼儿在对材料直接感知和具体操作的过程中，不断地开动脑筋、积极思考，提出新挑战，探索新玩法，全身心投入活动中，仔细观察，发现问题，独立思考，解决问题。这样的过程，巩固了婴幼儿活动的兴趣，发展了婴幼儿的智力，提高了婴幼儿动手实践的能力。

材料的投放还要考虑婴幼儿对材料的个性化需求。教师根据婴幼儿的不同发展水平，提供不同层次的材料，婴幼儿根据自身需要选择相应的材料。教师投放的材料既要满足能力较强的婴幼儿，又要兼顾能力水平一般的婴幼儿，使得班级中的每个婴幼儿都能够在与材料的积极互动中得到有益的发展。

4. 探究性和引导性

常见的活动区材料可分为高结构材料和低结构材料。高结构材料目标指向性比较强，有较为详细的使用说明及游戏规则。低结构材料目标指向性不够强，结构简单，可塑性强，贴近婴幼儿生活。高结构材料和低结构材料各有其自身优点及局限性，在区域活动时会产生不同的教育效果。教师要合理应用与挖掘高结构材料和低结构材料的优势，只有因势利导才能使投放的材料发挥最大的教育效能。

材料的探究性是指材料能够引发婴幼儿动脑思考和动手操作交织进行的活动。材料的结构化程度会直接影响婴幼儿探究活动的有效性，已有调查研究显示低结构材料是最具探究性的材料，能有效地发展婴幼儿的想象力，活跃婴幼儿的思维。在婴儿期及幼儿初期，可在活动区多投放一些高结构材料，但教师要对材料进行动态管理，根据每个阶段游戏发展进程，逐步减少高结构材料的数量。随着婴幼儿年龄的不断增长和游戏活动内涵、外延的不断扩展，可将更多的低结构材料投放到活动区，促使婴幼儿积极动手、动脑，更好地支持婴幼儿的游戏和各种探索活动。

材料的引导性是指教师提供的材料应能引导婴幼儿做出"成品"，是内化在材料中的"指路"线索，即要求教师在投放材料时要考虑婴幼儿的实际能力，考虑材料之间的关联性，考虑材料所提供的线索对婴幼儿的启发性，考虑最终要让婴幼儿获得什么样的发展。

5. 丰富性

活动区投放的材料，在功能、品种、形式等方面要多种多样，极具丰富性。成品材料、自制材料、自然材料相结合，满足婴幼儿根据自己的意愿、兴趣、能力进行选择和操作的需求；材料的数量充足、形式的多样，确保每个活动区都有婴幼儿喜欢和适合的操作材料。

二、托幼园所生活环境规划

（一）婴幼儿日常照料环境规划

1. 就餐区规划

进餐环节是婴幼儿一日生活中非常重要的环节。良好的进餐环境不仅包括物质环境的美观和富有童趣，还包括精神环境的轻松愉悦，这样才能唤起婴幼儿的食欲，激发婴幼儿的进餐兴趣，培养婴幼儿良好的进餐习惯。

学习笔记

点亮心灯

大力弘扬中华民族勤俭节约、爱惜粮食的传统美德，努力使厉行节约、反对浪费在全社会蔚然成风。

托幼园所的就餐区布局，整体色彩要以暖色为主，辅色可以采用对比度强烈的色调，避免单调感。餐桌和餐椅要符合婴幼儿身心发展特点，轻便且易于婴幼儿搬动。墙面的装饰既要符合托幼园所的整体色调及设计风格，又要以婴幼儿喜闻乐见的元素为主，体现童趣。例如，墙上可以挂一些色彩鲜艳的蔬菜、水果的照片，以及各种美食的照片等，以引起婴幼儿的食欲。

在氛围营造上，要根据婴幼儿的需求和托幼园所的办学理念，张贴日常就餐礼仪，教育婴幼儿养成良好的进餐习惯。托幼园所可根据婴幼儿不同的年龄特点，开展"爱惜粮食""光盘行动"等主题活动。（见图 3-12）

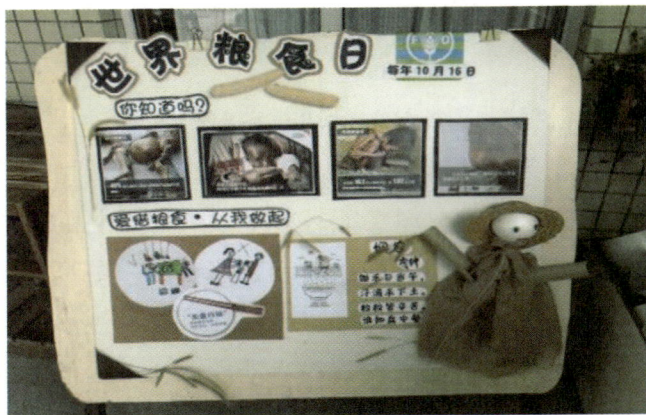

图 3-12　爱惜粮食主题环境创设

2. 操作区规划

托幼园所操作区规划要秉持"宽松、安全、自由"的理念，根据婴幼儿的身心特点和成长发育规律，突出科学性、优质性和整体性，满足婴幼儿自由操作、自由玩耍的需要，引导婴幼儿与环境、空间互动，使其在玩一玩、做一做的沉浸式体验中，激起操作兴趣和探究欲望，锻炼专注力和动手能力，提升精细动作能力。婴幼儿在亲自操作过程中养成自主尝试与探究、独立思考与推断、合作争辩与验证等良好习惯，实现在玩耍中自然发展。

操作区规划应体现下列特性。

（1）空间性和同步性

能够最大限度地利用空间，把平面布置和立体布置结合起来。操作区投放的材料要同步体现活动主题，能够将主题目标、主题活动内容物化在操作材料当中，引导婴幼儿在自主活动中实现主题目标。

（2）教育性

要与教育目标相结合，从婴幼儿的兴趣、需要出发，操作区材料的投放要有针对性，充分体现环境的教育价值。

（3）适宜性

操作材料的投放要适宜、适度，适合婴幼儿年龄特点、知识经验和认知水平，突出班级特色，充满童趣，使环境中的点点滴滴都蕴藏着婴幼儿教育独特的文化内涵。

（4）主体性

环境的设计、布置，首先应从婴幼儿实际出发，生动、直观、真实，能吸引婴幼儿积极参与，让婴幼儿成为环境中的主人；其次要有利于教师更好地观察婴幼儿，体现师幼之间对话，让环境成为婴幼儿寄托心愿、表现情感、体验成功、展示自我的平台。

（5）美观性

环境创设应力求结构合理、色彩协调、风格独特、情趣高雅，易于萌发婴幼儿的审美情趣，激发婴幼儿积极的情感体验。

（6）经济性

要因地制宜，就地取材，多选用自然材料和废旧物品材料，做到一物多用，经济环保。（见图 3-13）

图 3-13 操作区的环境布置

3. 睡眠区规划

托幼园所营造温馨、舒适、安全的睡眠环境，创造一种有利于婴幼儿休息的、平和而安静的氛围，将有助于婴幼儿养成良好的睡眠习惯，确保他们获得高品质的睡眠质量。[1]

① 张兴利.营造温馨、安全的婴幼儿睡眠环境［J］.早期教育（教育教学），2020（5）.

学习笔记

岗课赛证

教资考试考点
托幼园所睡眠区的规划应注意哪些事项？

首先，保证睡眠环境。婴幼儿的睡眠环境，对声音、温度、湿度、光照、空气质量有较为严格的要求。根据托幼园所的现有条件，尽量将睡眠区规划在偏安静的一侧，避免噪声的干扰。睡眠区日常光照要充足，每天要定时开窗通风，保持室内环境的舒适干净和空气的新鲜。还要根据地区气候特点以及室内环境，安装空调或暖气等设备。

其次，营造温馨氛围。睡眠区的色彩搭配要合理，尽量选择温馨的色调，给婴幼儿营造家的感觉。窗帘最好用深色的，在营造婴幼儿熟悉感的同时，便于婴幼儿迅速入睡。

最后，合理安排床位。根据睡眠区的大小和婴幼儿人数，合理安排床位，最好是保证每个婴幼儿有固定的床位。

4. 卫生间规划

卫生间应邻近活动室和睡眠区，最好设置在南向，以便接受阳光照射。卫生间需要定期清洗消毒。

卫生间应保持良好的自然通风，将室内空气直接散到室外。厕所和盥洗室应分间或分隔。

卫生间所有设施的配置、形式、尺寸均应符合婴幼儿人体尺度和卫生防疫的要求。地面材料应防滑、易清洗。卫生间地面应设地漏。卫生间要保持地面干燥，防止积水。（见图3-14）

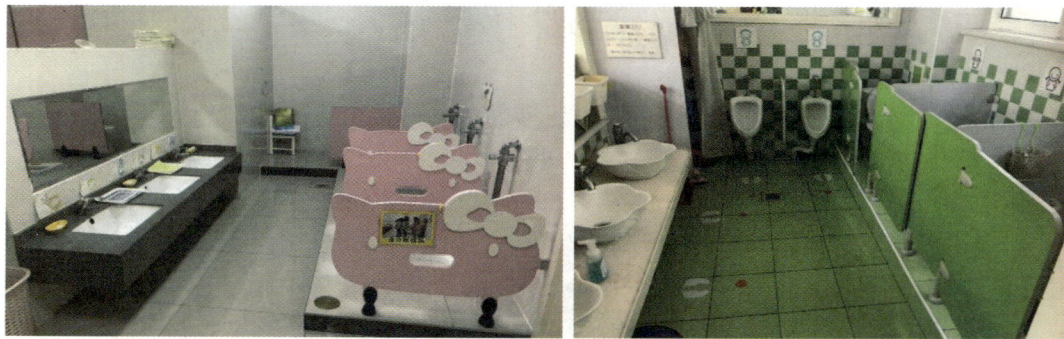

图 3-14 卫生间一角

5. 安抚区规划

安抚区应为婴幼儿营造与家庭氛围相似的宽松、安全、温馨的环境，让婴幼儿产生安全感、信赖感，使婴幼儿尽快喜欢上托幼园所的环境。[①]

安抚区墙面主题可设置成笑脸墙或婴幼儿熟悉的卡通形象等。可以将婴幼儿的照片或者其全家福粘贴在笑脸墙上。婴幼儿通过观察或者观看自己的或家人的照片，缓解分离焦虑。也可以请家长从家里带一两件婴幼儿心爱的玩具来

① 宋静.幼儿教师环境创设与利用能力的个案研究——基于幼儿教师环境创设与利用能力测评工具开发的利用[D].桂林：广西师范大学，2016.

到班里，让婴幼儿产生亲切感，尽快适应新环境。

在安抚区播放欢快的适合婴幼儿听的音乐，营造愉悦的氛围。

还可以模仿家居格式，在安抚区布置几个温馨的娃娃家，铺上彩色地垫，投放一些婴幼儿熟悉又亲切的玩具，如娃娃家的餐具、布娃娃、毛绒玩具等，引导婴幼儿在其中自由地玩耍。还可以在安抚区设置小帐篷，婴幼儿在不被打扰的环境中玩耍，能够减少陌生环境造成的心理压力。还可以在安抚区投放一些供婴幼儿爬爬跳跳的运动器材等，以吸引婴幼儿的注意力，缓解分离焦虑。（见图3-15）

图3-15 安抚区的环境布置

6.私物区规划

私物区建议规划在班级的门口区域，可设置衣帽柜、鞋柜、收纳柜等，要根据婴幼儿的身高来设计柜体尺寸。婴幼儿根据需要放置自己的衣服、帽子、鞋子、书包等。

柜体色彩要明快、丰富，符合婴幼儿的审美情趣，同时要注意色彩的整体和谐。

柜体四周及边缘应设计为防撞伤的圆角，不能有尖锐的棱角、裂片和铁钉，以免撞伤、割伤婴幼儿。柜体表面可以绘制婴幼儿喜爱的图画。

收纳柜的取放处可粘贴一些指示取拿、整理个人物品的图示或标识，培养婴幼儿的归纳、整理好习惯。

7.感统区规划

感统区的设计应充分遵循婴幼儿身心成长规律，将教育性与趣味性融为一体。

感统区室内应有窗户，通风良好。感统区的地面宜铺设塑胶地板，安全好清理；感统区的墙面宜采用软包形式，避免碰撞等危险。感统区的地面、墙面均宜采用隔音处理。

感统区内应配备各种感统训练器材。常用的感统训练器材有滑梯、三角形滑车、方形滑车、圆形滑车、大陀螺、平衡触觉板、太极平衡板、踩踏石、跳

学习笔记

岗课赛证

教资考试考点
托幼园所感统区常用的感统训练器材有哪些？

学习笔记

袋、万象组合、平衡步道、圆筒吊缆、S形平衡台、独脚凳、上下转盘、羊角球、彩虹伞等。感统训练器材能够给予婴幼儿多种感知觉刺激，并将这些刺激与运动相结合。（见图3-16）

图3-16 感统区一角

感统训练能够有效地提升婴幼儿的运动、感知、语言交往、生活自理和社会适应等能力，而且对其未来的学习、生活也具有重要的社会意义。[1]

（二）婴幼儿常规游戏活动环境规划

1. 语言活动区规划

语言区是婴幼儿进行语言锻炼的活动区域。为婴幼儿设置一个宽松和谐的语言区，支持鼓励婴幼儿与教师、同伴交谈，引导其体验语言交流的乐趣。[2]

（1）科学合理的阅读区

阅读活动有机融入区域活动，将大大提高婴幼儿的阅读质量。婴幼儿根据自己的兴趣、需要主动选择阅读活动内容，其爱阅读、爱书籍的情感得以培养。教师可以提供一些废旧图书和画报，鼓励婴幼儿自编图书，帮助他们在剪剪贴贴中体会做小作者的快乐和自豪。教师还可以提供一些录音设备，引导婴幼儿录下自己讲的故事，然后播放给其他小伙伴听，如此既能锻炼婴幼儿的想象力和表达能力，又能培养婴幼儿的自信心。

（2）平等融洽的谈话角

应努力营造谈话角轻松、温馨、和谐、隐秘的环境氛围，激励婴幼儿有话可说、有话敢说、有话愿说。谈话角可设置为容纳2~4个幼儿的私密空间，如废旧材料制作的小房子、小帐篷等。

可设置新闻播报角，引导幼儿收集、剪贴国内外新闻时事的图片，并模仿主持人进行各种新闻的播报。通过新闻播报活动，幼儿在信息交流中增长了见识，锻炼了口语表达能力。

① 肖晓鸿. 感统训练对幼儿教育的影响［J］. 科教导刊（上旬刊），2018（7）.
② 沈诗慧. 基于儿童视角的幼儿园班级阅读区环境优化研究［D］. 桂林：广西师范大学，2021.

（3）丰富多彩的操作讲述角

为操作讲述角提供故事拼图、动物卡片、背景图、贴绒教具，以及各种画册、亲子制作的故事盒、造型各异的工艺品（木偶、皮影）等，采用观察、操作、讲述的方式，引导婴幼儿进行创造性的语言活动，鼓励婴幼儿多想、多说，把玩玩、做做、说说结合起来，在丰富多彩的活动中，动口、动手、动脑筋，获得快乐和满足。（见图 3-17）

图 3-17　语言活动区的环境布置

2. 建构区规划

建构游戏是一种创造性的游戏，是婴幼儿根据自己的生活经验，以想象为中心，用各种结构元件如积木、插塑等材料进行结构造型，主动地、创造性地反映现实生活的游戏。建构游戏具有操作性、艺术性、创造性的特点。建构游戏是深受婴幼儿喜欢的一种游戏类型，对培养婴幼儿的创造力、想象力和动手操作能力起着非常重要的作用，能够有效促进婴幼儿多元化发展。

（1）建构区的布局

建构区应是常规游戏活动区中占地面积最大的区域。

设置建构区时，要充分考虑建构区游戏的特征。婴幼儿在建构区活动时，走动较多，产生的音量较大，因此，建构区要尽量和安静的区域（如益智区、图书区）隔开，避免干扰。建构区尽量避免靠近通道区域，可以通过地垫或玩具柜划出界线。建构区的空间性密度要适当，避免过分拥挤。

建构区的地面要平整，或者铺上地毯，便于婴幼儿拼搭操作。区域内应配备符合婴幼儿身高的架子，用于摆放积木和其他辅助材料。架子上要有明确的标记，标明积木及辅助材料的类型、大小等，便于婴幼儿取材时一目了然。

建构区的墙面应根据婴幼儿的年龄特点来设计，可设置图文结合的区角规则，也可结合建构主题来设计，还可设置一些关于搭建技能的示意图，如围封、架空、垒高等。

（2）建构区材料的投放

建构区的材料主要分为三类：搭建类、插装类和辅助类。教师应该提供不同材质的积木，如木质积木、塑料积木、泡沫积木等；还应投放各式各样的拼插玩具，如雪花片、聪明棒、管道积木等；同时，还要投放必不可少的辅助材料，如扑克牌、夹子、报纸、纸杯、纸箱、纸筒等。大班阶段还可投放记录纸和水彩笔，让幼儿将搭建的设计图、搭建过程或作品记录下来。（见图 3-18）

图 3-18　建构区的环境布置

3. 角色扮演区规划

角色扮演区是婴幼儿开展角色游戏的重要场所。婴幼儿可以在各种模拟的仿真情境中，按照对周围世界的认识和理解来扮演各种角色，诠释各种行为。

角色扮演区给婴幼儿提供了与人相处、表达情感和思想、用语言交流对角色的认识，以及对别人的需要和要求做出反应的机会。角色扮演区的活动对婴幼儿的语言、智力及社会性发展起着良好的促进作用，同时也是婴幼儿表达各种情绪情感的不可或缺的一种途径。

（1）角色扮演区的布置

角色扮演区在活动室的区域布局中应该占用一块较大的面积。

婴幼儿进行角色游戏时，常常会走来走去，大声交谈，发出较大的声响，因而角色扮演区应该远离益智区和阅读区。同时，由于角色扮演游戏和建构游戏之间经常发生联系，因此可以将角色扮演区尽量靠近建构区。

可以设计、制作一些多功能的趣味化家具，作为角色扮演区的区域隔断。

也可以用一些普通家具，或者低隔板、矮架子、各种纸箱、积木等围起来，以确定本区的活动范围。

（2）常见角色扮演游戏主题

家庭生活游戏主要以"娃娃家"为主题；职业体验游戏主要有商店系列、餐厅系列（如图3-19为蛋糕店的环境布置）、美容美发系列，以及医院系列、银行系列等。不同主题的区角的材料投放见表3-2。

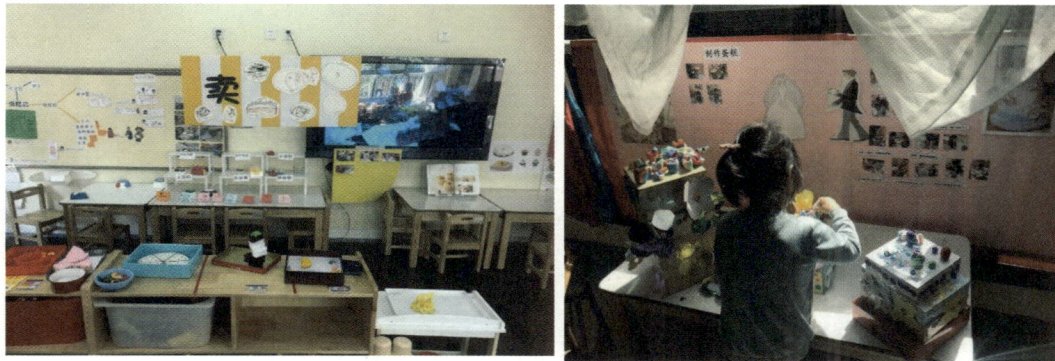

图 3-19　蛋糕店的环境布置

表 3-2　常见角色扮演游戏主题及投放的材料

游戏主题	投放的材料
娃娃家	各类家具、家电，餐具，娃娃，日常生活用品（如被子、枕头、小帐篷等）
商店系列	货架，各种自制商品，商品包装盒，价签，收银台，购物篮，玩具纸币，包装袋，店员服装，会员卡等
餐厅系列	店牌，餐具，厨具，食品原材料，自制的食品，菜谱，玩具纸币，收银台，各主要角色（厨师、服务员、顾客）的服装和头饰等
美容美发系列	梳子，围布，毛巾，镜子，发型书，自制假发套等
医院系列	（医生、护士）的服装和帽子，听诊器，额温枪，医药箱，纸，笔等
银行系列	银行的标志，取号机，等待线，收银窗口，玩具纸币，废旧银行卡，自制存折，主要角色（银行会计、大堂经理、警卫）的服饰，计算器，业务宣传栏，纸，笔等

4. 绘本区规划

绘本区能够培养婴幼儿良好的阅读习惯。绘本深受婴幼儿的喜爱，能够帮助婴幼儿获得多元化的情感体验，让婴幼儿受益终身。现代托幼园所在设计活动区时，绘本区是必不可少的。

如果托幼园所面积较大，可以在空间环境规划中专门设置一个绘本阅读室，给婴幼儿一个充足的绘本阅读空间。绘本阅读室除了配备书架与绘本之外，还可以放置色彩艳丽、造型可爱的小沙发、坐垫和靠垫。在宽松、舒适的氛围里，婴幼儿怎么舒服怎么来，或坐，或靠，他们沉浸在绘本的故事情节中，身心得以愉悦。

如果托幼园所场地空间有限，不妨将绘本区置入其他空间，比如在走廊角落设计绘本区。将绘本区设计到班级的外面，既合理利用了空间，也可以让婴幼儿随时随地都能够坐下来阅读。婴幼儿休闲时不仅可以奔跑和玩乐，还可以阅读。绘本无处不在，阅读随时发生。

还可以在班级内设计绘本区。如果将班级的某一区角设计为绘本区，婴幼儿可以随手拿到自己喜爱的绘本进行阅读。有了随时随地的阅读滋养，婴幼儿的精神世界变得富足起来。

也可以在大厅开辟绘本区。大厅承载着接待、玩耍和休息的功能，当婴幼儿玩累了或者在等待的时候，可以坐在大厅的长椅上随手翻翻绘本，或是不经意的，或是专注的，只要阅读发生了，教育目的就达成了。（见图3-20）

图 3-20　绘本区的环境布置

三、托幼园所常规活动区环境创设

（一）婴幼儿适宜性环境创设

《托育机构婴幼儿喂养与营养指南（试行）》指出："托育机构应建立完善的母乳、配方食品和商品辅食喂养管理制度和操作规范，包括喂奶室管理制度，配方食品和商品辅食的接收、查验及储存、使用制度，及相关卫生消毒制度。"《幼儿园工作规程》规定："幼儿园应当严格执行国家和地方幼儿园安全管理的相关规定，建立健全门卫、房屋、设备、消防、交通、食品、药物、幼儿接送交接、活动组织和幼儿就寝值守等安全防护和检查制度，建立安全责任制和应急预案"，"幼儿园应当严格执行国家有关食品药品安全的法律法规，保障饮食饮水卫生安全"。

1. 托育机构适宜性环境创设

托育机构主要是指为 6～36 月龄的婴幼儿提供托育服务的机构。托育机构的整体环境应能带给婴幼儿好玩、安全、熟悉的心理氛围，让每个婴幼儿有置身于"家"的感觉：温馨、柔和、熟悉、生活方便，婴幼儿于此可以建立依恋关系，感到安全，在最初入托时也不会产生较强的心理抵触。建议对墙面进行软包装，并铺设绿色环保的塑胶地板或者木地板等，防止婴幼儿在跌倒时受到意外伤害。把杯架、毛巾架和饮水架等婴幼儿经常使用的物品安排在最合适的位置，形成家庭式的摆设，尽量避免婴幼儿在使用时发生碰撞，最大限度地降低周围环境的不安全因素。

托育机构环境创设的要求如下。

第一，全局观念。进行环境创设时要有全局观念。室内摆设要便于婴幼儿的日常活动，符合婴幼儿的多种需求，要给婴幼儿提供多种多样的实用空间。

第二，鲜活突出的色调。进行常规活动区色调布置时，应从整体设计风格出发，与整体风格相统一。色调的鲜活突出，更能满足婴幼儿的审美需求。色彩鲜艳的物品，更能刺激感官，激发探究欲望，引起婴幼儿的注意和喜爱，促使婴幼儿主动认识环境，投入活动。[1]

第三，富有意趣。富有意趣的常规活动区环境，能有效提升婴幼儿的想象力和思维能力。可以邀请婴幼儿参与环境的装饰设计，给婴幼儿自由发挥的空间，共同完成整个环境的设计和布局。[2]

第四，安全感、归属感突出。托育机构要突出心理安全感和归属感。尽量选择柔和的暖色系或浅色系进行装饰，为婴幼儿带来心理安全感。托班室内不宜布置成人化的物品，可多设置一些卡通或动物形象，以提升婴幼儿的兴奋度和归属感。

基于托班婴幼儿依赖性强，特别是对家长的心理依赖更强烈，因此托班室内环境要尽可能彰显"家"的元素，烘托家庭氛围，有"家"的温馨和亲切，以在较短时间内稳定婴幼儿情绪，缓解和减少其入托焦虑，从而获得有效的教育效果。

---

① 丁玲玉. 好玩的环境——2—3 岁幼儿机构教养环境的设计与思考［J］. 都市家教，2011（5）.
② 邱子漫. 基于瑞吉欧教育理念的幼儿园室内设计［D］. 长沙：中南林业科技大学，2020.

学习笔记

一是有"家"的感觉。

干净整洁的活动室，摆放有序的操作学具，区角间的几盆绿色植物都会带给婴幼儿一种安静的、勃勃生机的感觉，可以减轻婴幼儿对环境的陌生感和距离感，实现情感转移。

二是"家庭"环境婴幼儿化。

托幼园所毕竟不同于家庭，教师在布置环境时，要将"家庭"环境婴幼儿化。班级环境应让婴幼儿感受到温馨、惬意，色彩尽量避免过分刺激，宜选用淡淡的暖色调作为整个区域的基色。墙上的装饰画符合托班婴幼儿的喜好，充满童趣。将各种有趣的材料摆放在婴幼儿触手可及的地方，使他们自由地选择、随心所欲地玩耍。

三是"我是这儿的主人"。

配备与婴幼儿身高比例适宜的家具与设施。给婴幼儿传递一种"我是这儿的主人，我要爱护这儿的环境"的理念。引导婴幼儿自觉对环境进行管理：清扫房间，收拾玩具，整理书籍、衣物等。这些措施对托班的情感教育极为有利。

四是"生活"环境"家庭化"。

陶行知的"生活即教育"理论指出，应当"以生活为中心"，"教"与"学"都要以"做"为中心，主张"教学做合一"，将教育与生活完全融为一体。根据婴幼儿好动、好模仿的特点，从"生活"入手，创设"家庭化"环境，让婴幼儿在"做"的过程中得到发展。

拓展材料：

表3-3、表3-4是关于托育机构区域规划和设计规范的建议，可供教师参考借鉴。

表3-3　托育机构的区域规划

1.衣帽区	区域功能	放置衣帽，存放婴（幼）儿的包、奶粉等
	设备设施	衣帽柜，鞋柜，储物格，签到柜
2.睡眠区	区域功能	婴（幼）儿午睡或随时睡眠
	设备设施	婴（幼）儿睡床（有围栏）
3.运动区	区域功能	支持婴（幼）儿练习爬上爬下、感统发展，训练站立和行走
	设备设施	带扶手的镜子，学步推车

续表

4.建构区	区域功能	用于支持婴（幼）儿搭建探索
	设备设施	单层玩具柜，积木等建构材料，地毯
5.配餐区	区域功能	提供婴幼儿的日常饮食
	设备设施	调理台，洗涤池，洗手池，储藏柜等，加热设施，通风或排烟设施等
6.清洁区	区域功能	维持班级整体环境的清洁
	设备设施	淋浴设备，尿布台，洗涤池，洗手池，污水池，卫生间（托小班应适当增加卫生间数量），成人厕位等

注：配餐区位置应该独立。备餐区域应有流动水洗手设施、调配设施、操作台、奶瓶架，配备奶瓶清洗、消毒工具，配备奶瓶、奶嘴专用消毒设备，配备乳类储存、加热设备。

表3-4 托育机构的设计规范

1.生活单元设计规范	各功能分区之间采取分隔措施，并能互相通视
2.地面、墙面设计规范	地面做成暖性的软质面层，距地面1.20m的墙面做成软质面层
3.卫生器具设计规范	婴（幼）儿卫生器具，坐便器高度低于0.25m
4.洗手池设计规范	至少3个洗手池，0.40m～0.45m高、0.35m～0.40m宽

2.幼儿园适宜性环境创设

幼儿园适宜性环境创设的要求：

第一，与幼儿身心发展特点相适宜。3～6岁幼儿正处在身体、智力迅速发展以及个性形成的重要时期，有多方面的发展需要。根据幼儿的年龄特点和能力、个性的差异，创设多层次、开放的环境，使其适宜于每一位幼儿。比如，在投放活动材料方面：小班阶段，可提供同种类多数量的玩具，以高结构材料为主；中班阶段可提供半成品材料，以激发幼儿的创造力和想象力；大班阶段，可提供低结构材料、开放性材料，不规定统一玩法，幼儿可按照各自兴趣、能力及想法，自由选择，自主操作。

第二，关注个体差异。在关注幼儿共性的基础上，还要关注个别差异。同一年龄阶段的幼儿，在兴趣、能力、学习方式方面都存在很大的差异，教师在环境创设时应充分考虑这些因素，因材施教。根据班级幼儿的实际情况，关注到不同幼儿的能力发展水平，进行适宜的分组活动，采取不同的教育策略，并在区角活动时提供各种类型的操作材料和教玩具，使每一名幼儿都能在自己原有水平的基础上有所发展。

学习笔记

学习笔记

第三，让幼儿做环境创设的主人。配备与幼儿身高比例适宜的玩具柜、桌子、椅子等设施。引导幼儿自觉对环境进行管理。教师应注重环境的参与性、支持性、启发性和丰富性，支持幼儿和活动材料进行互动。例如，在开展活动前，让幼儿积极讨论怎样布置活动区环境，营造充满童趣的氛围。

幼儿园适宜性环境创设策略如下。

第一，设置主题功能区域。幼儿园的园本课程内容丰富多彩、形式多种多样，但以主题活动构建为主，因此创设主题功能区域很有必要。根据活动主题，设置相应的区域，如阅读区、感统区、美工区。

第二，设置自由探索区域。幼儿园设置自由探索区域，发掘各种环境资源，预留足够的空间，在安全的前提下，鼓励幼儿主动、自由探索，满足幼儿探索欲望，促进幼儿的全面发展。

第三，设置户外探索区域。创设适合不同幼儿需要的不同层次的户外探索区域，尊重幼儿在发展水平、能力、经验、学习方式等方面的个体差异，满足个体发展的需要。鼓励幼儿自由探索，保证每天有一定的户外探索时间，促使幼儿展露天性，自由成长。可以设置沙池、洗手台、种植区等，还可以设置篮球投掷架、起伏水泥路，尽量实现户外活动环境多样化，以供幼儿探索。如果条件允许，天气舒适时还可以带领幼儿到公园或者社区花园进行户外探索活动。

第四，举办主题生日会、节庆游园会。幼儿园可联合幼儿家庭、社区举办高质量的主题生日会、节庆游园会等活动，多方面满足家长与幼儿建立良好亲子关系的需求。

第五，提供丰富的材料，促进幼儿与材料互动。区域活动能够促进幼儿自主学习和整体发展，展现幼儿自发的学习能力和学习过程，充分尊重幼儿的差异，张扬幼儿的个性。在每个区域投放种类多样、数量充足的材料，避免出现幼儿间争抢玩具的现象，满足幼儿对多种游戏的需求。不固定区域内材料的具体功用，不预设固定的玩法，不规定材料使用的范围和场所，允许跨区域使用，赋予幼儿更多的想象空间。

教师对活动的指导要遵循幼儿自主选择的基本原则。幼儿自主选择、自主游戏的同时，需要教师的积极引导。[①]教师以实际的社会规则为准则，创设"小社会"式的区域环境，并制定相应的区域活动规则，以推动幼儿在与材料互动中自主学习。幼儿能够根据区域场景，充分利用现有的材料，实现一定的学习

---

① 于芳心.生态学视域下自主游戏中的教师观察研究——以 J 市三所幼儿园为例［D］.济南：山东师范大学，2022.

目标。①

（二）托幼园所主题环境创设

1. 家园互动栏科学育儿主题环境创设

何谓科学育儿？综合起来，科学育儿就是用科学的、符合客观规律的方式方法教育、养育下一代，是建立在心理学、教育学、营养学、护理学、医学等多个学科基础上教授科学育儿理念和实践技能的跨学科、综合性体系。

为了更好地宣传和贯彻科学育儿理念，可在托幼园所适当位置（比如接待大厅或园所墙面）设置家园互动栏。家长可通过家园互动栏深入了解托幼园所的育儿目标及内容，更好地理解、配合、参与托幼园所的教育、教养活动，科学育儿，共同促进婴幼儿全面和谐发展。家园互动栏是家长了解托幼园所的重要窗口，应努力挖掘其潜力，可设置若干小板块，如"一周计划""健康快车""父母茶座""童言稚语"等，以吸引家长参与到科学育儿的活动中来。

家园互动栏的设计要吸引家长的眼球，不但要在视觉元素上花心思，更要在行动上切切实实地让家长感受到托幼园所的努力和真诚。家园互动栏的内容最重要的是切合实际、可操作且有意义。

①取名有讲究。

家园互动栏的名字要简洁、温馨，如"家园心连心""家园风向标""家园之窗""家园驿站""家园彩虹桥"等。新颖的名字代表了创作者的新思维，独特的创意更容易引人注目，拉近与家长的心理距离。

②突出版面内容。

家园互动栏的重点在于其内容，版面仅起衬托作用，切忌喧宾夺主。家园互动栏的制作材料要选择鲜艳耐用的卡纸、吹塑纸等，颜色不宜过多，太花哨会使人产生视觉疲劳，简洁、大方即可。各板块的内容要紧紧围绕主题，切合实际、可操作且有意义；字号不宜过小，如果是手写字体，则力求正楷、清晰，便于每位家长阅读和了解。

③精心设计板块。

家园互动栏的主题不能仅仅凭教师个人的感觉和兴趣就自行确定，要结合家长的心理需求和教育习惯，精心设计，以引起家长共鸣，真正做到家园互动。例如，"育儿讲座"板块向家长进行育儿理念的宣传与普及，"家长助教"板块向家长介绍婴幼儿的一日生活流程、教育活动模式，等等。

---

① 刘娟娟. 绘本馆里的早期阅读教育研究 ——基于重庆某民间绘本馆的个案调查 [D]. 重庆：西南大学，2021.

岗课赛证

教资考试考点

缓解焦虑的主题环境创设可以从哪些方面来进行？

学习笔记

④ 及时更新内容。

定时或根据需要及时更换家园互动栏各个板块的内容，随时关注家长的需求，针对家长关心的问题，释疑解难，出谋划策，真正帮到家长。

2. 缓解焦虑主题环境创设

婴幼儿初入托入园时，会感到不安和不适应，产生焦虑情绪，因此，托幼园所缓解焦虑的主题环境创设尤为重要。

托幼园所以"家"为主题的环境创设，突出亲切、温馨的感觉，能有效缓解婴幼儿的焦虑情绪。从物质环境到精神环境，全方位跟家庭接轨，创设安全、舒适、有趣、具有游戏性的活动环境来吸引婴幼儿的注意力，以有效转移婴幼儿对父母和家庭的依恋，缓解其焦虑情绪。教师最大限度地还原婴幼儿家庭生活的环境，可以增加婴幼儿对托幼园所的亲切感，容易帮助婴幼儿形成对新环境的认同感和归属感，减轻陌生环境带给他们的压力和与家人分离的痛苦。[①]

①创设"家"区域环境。

教师要全面、深入地了解每个婴幼儿的生活内容，比如喜欢的玩具是什么，喜欢玩什么游戏等，然后用婴幼儿熟悉的、感兴趣的生活内容来创设活动区域。教师可以建议家长把婴幼儿喜欢的一两件玩具带到托幼园，摆放到区域里，当婴幼儿焦虑不安哭闹时，可以玩一玩自己熟悉的玩具。这一方式能够起到一定的安抚作用，增加婴幼儿心理上的安全感。[②]

在班级的活动区域，教师要有意识地摆放婴幼儿喜欢玩的声响玩具、电动玩具、拖拉玩具、插塑玩具等，婴幼儿看到自己感兴趣又好玩的玩具，注意力就转移了，分离焦虑就会减少。教师要允许婴幼儿自由地取放玩具，让婴幼儿感到这里跟家是一样的。

②创设"家"生活区。

教师可以建议家长把婴幼儿在家使用的小杯子、小毛巾等日常生活用品带到托幼园所，帮助婴幼儿在这里找到家的感觉。婴幼儿看到自己熟悉的、亲近的生活用品，心理上就会多一些安全感，产生稳定、快乐的情绪，分离焦虑的情绪就会逐渐减少。[③]教师还可以在开学前请家长录几段录音，说一些鼓励、安慰的话语，如"宝宝今天真棒，跟小朋友一起玩玩具了"，"宝宝乖，你在班里跟小朋友玩一会儿，妈妈下班就立刻来接你回家"，等等。当婴幼儿听见爸爸

① 邹卓伶.婴幼儿入园适应的过程研究［D］.上海：华东师范大学，2007.
② 沈雪梅.关爱与方法：幼儿行为观察案例分析［M］.上海：复旦大学出版社，2014.
③ 吕晓莹.小班新入园幼儿分离焦虑与父母状态特质焦虑的相关研究［D］.西宁：青海师范大学，2021.

妈妈的声音，焦虑的情绪也会减少。①

③创设"家"主题墙饰。

选择以"家"为主题的墙饰。（见图3-21）利用生活中婴幼儿喜欢的动物形象，装饰婴幼儿能理解的并能参与创作的画面，比如"小鸡一家人""猜猜我有多爱你"等表现亲情的画面，让环境影响婴幼儿。还可以创设"家"的笑脸墙，可以是婴幼儿的全家福，或是婴幼儿和爸爸、妈妈拥抱的照片，或是婴幼儿微笑的照片等。婴幼儿来园时，教师可引导婴幼儿观察墙饰，认识笑脸代表的情感。在婴幼儿想念家人时，带其去看看照片，使其心理得到安慰，焦虑情绪得到缓解。②

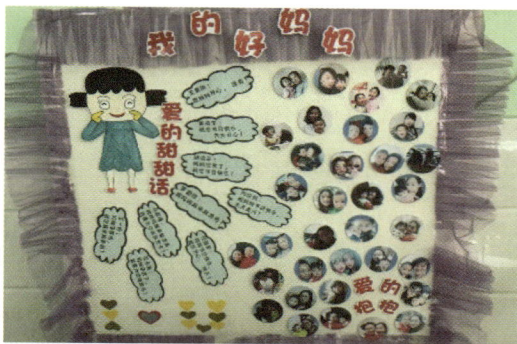

图 3-21 "我的好妈妈"主题墙饰

3. 节庆假日主题环境创设

节日是传递民族文化、传达民族感情非常重要的载体。我国传统的春节、元宵节、清明节、端午节、中秋节、重阳节等节日以饱含劳动人民智慧和情感的价值内涵、约定俗成的民间形式，在其发展的历史进程中，不断锤炼和陶冶着中华民族的个性和品格，在传承民族精神、强化民族文化记忆、增进民族心理认同、维系社会和睦等层面上，发挥了巨大的作用。创设与节庆假日相适应的托幼园所及班级主题环境，引导婴幼儿在浓郁的节日氛围中，感受不同节日的特点及其传递出来的文化魅力。我国的传统节日是中华民族传统文化的一种重要表现形式，拥有丰富的内涵，优秀的传统节日文化是形成民族凝聚力、促进民族发展的重要精神力量。③

托幼园所要"深化爱国主义、集体主义、社会主义教育"，培养婴幼儿从小厚植爱国主义情怀，把爱国情、强国志、报国行自觉融入为全面建设社会主

---

① 普彩艳.幼儿园一日生活中过渡环节的优化策略研究——以大理州D幼儿园为例[D].大理:大理大学，2020.
② 杨小朵.新时期家庭教育平台建设的有效模式:宁波市家庭教育论文集（2010～2014）[M].宁波:宁波出版社，2015.
③ 胡丽云.论传统节日在爱国主义教育中的作用[J].文学教育，2018（17）.

学习笔记

点亮心灯

积极传承和弘扬中华优秀传统文化，提高审美和人文素养，增强文化自信。

现代化国家、全面推进中华民族伟大复兴而团结奋斗的伟大事业之中。托幼园所在环境创设时可以以传统节日为载体进行爱国主义教育，推进文化自信自强，增强中华文明传播力影响力，坚守中华文化立场，讲好中国故事、传播好中国声音，展现可信、可爱、可敬的中国形象。

（1）春节主题环境创设

春节是中华民族最隆重的传统节日。以春节为主题进行环境创设时，要结合婴幼儿的不同年龄特征和发展水平。

一般情况下，托班和小班的春节主题环境创设以烘托年味为主，教师引导婴幼儿在动手学习和体验中领悟年味。例如，创设具有年味的装饰性墙面，或者在班级门口悬挂红灯笼、贴春联等。

中班和大班的幼儿已经具有了较为明显的自我意识，教师应以鼓励幼儿的参与和互动为主来进行春节主题环境创设。例如，教师和幼儿一起剪窗花、贴窗花、贴春联，引领幼儿围在一起认识、了解十二生肖，组织幼儿讨论年夜饭，等等。（见图 3-22）

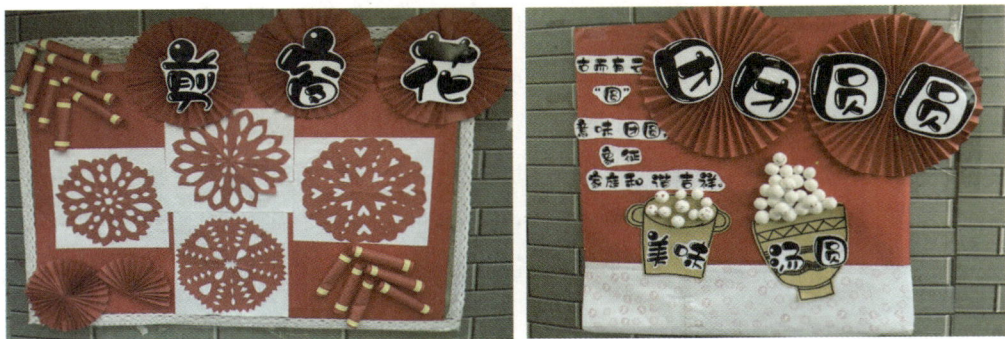

图 3-22　春节主题环境创设

（2）国庆节主题环境创设

国庆节具有凝聚民族精神、传承历史文化、培养爱国情怀的教育意义和价值。在每年国庆节来临之际，教师都会根据婴幼儿的年龄特点，开展不同形式的爱国主义教育活动，营造欢乐、喜悦的氛围。国庆节主题环境创设的元素可以有天安门、国旗、56 个民族、祖国秀丽河山以及长城等内容。

托班和小班的婴幼儿可通过实物、图片、视频等形式了解国庆节，认识国旗、国徽，认识首都北京。教师可以通过引导婴幼儿制作漂亮的小红花为祖国妈妈庆祝生日，萌发其对祖国的热爱之情。

中班和大班的幼儿可进一步了解国旗、国徽的由来及含义，了解我国的四大发明和名胜古迹，了解56个民族等，丰富对祖国的认知。在国庆节主题活动中，教师应充分调动幼儿的积极性，引导其参与班级的主题环境创设。例如，鼓励幼儿用画笔把对祖国的美好祝福描绘出来；引导幼儿动手制作京剧脸谱和青花瓷等手工作品，通过手工制作的形式来表达对祖国的热爱之情。

结合主题活动在区角投放一些与主题内容相关的材料。例如，在美工区投放制作五星红旗、红灯笼等需要的低结构材料，供幼儿自由选择；在语言区投放红色故事绘本、介绍中国四大发明的图书、关于祖国名胜古迹的书籍等；在建构区投放一些中国古建筑模型或图片，如万里长城、天安门、天坛等，引导幼儿用各种建构材料来拼搭；在表演区设置红歌小舞台，幼儿手持小红旗，伴随着动听的旋律唱响红歌，让爱国的情感在心中生根发芽。（见图3-23）

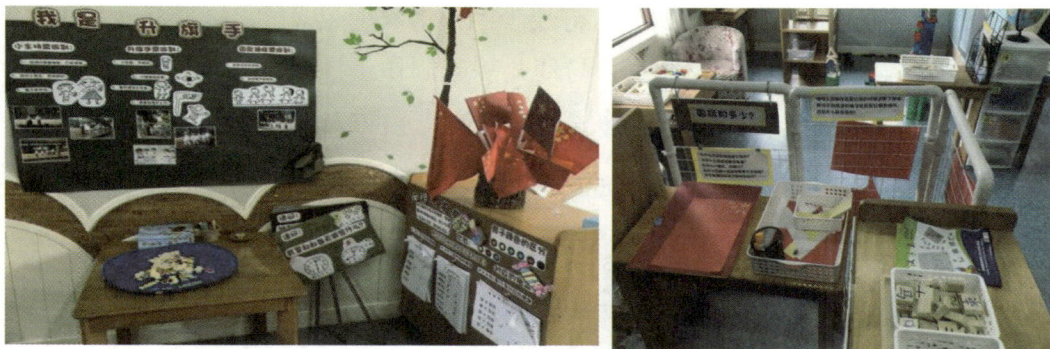

图 3-23　国庆节主题环境创设

4. 季节自然主题环境创设

托幼园所的环境创设是一个动态的、发展的过程，设计的内容应随着教育活动的进展而变化，并随着婴幼儿年龄、季节、身边环境的变化而变化。

瑞吉欧教育认为环境生成课程，课程主题来源于婴幼儿与环境的互动作用。环境作为"第三位教师"，作为托幼园所的一种隐形课程，应具有教育、记录的功能，并能不断地激活婴幼儿内在的学习动机。①

（1）季节主题

碧绿的春天、火红的盛夏、金色的秋天、雪白的隆冬，每个季节都有它独特的美。根据季节的变化不断更新环境创设内容，赋予自然主题新内涵。融合

---

① 胡燕红.幼儿园课程基本价值取向研究［D］.上海：上海师范大学，2019.

季节特征的审美环境创设，可以鼓励婴幼儿亲近大自然、热爱大自然、爱护大自然，引导婴幼儿通过观察、比较、分析和探究去认识自然界的奥秘。

例如，通过"我眼中的春天"主题环境创设活动，引导幼儿去大自然中寻找春天的色彩，认真记录找春天的过程，把春天装进画里，画下五彩斑斓的春天。教师可组织中班、大班幼儿进行讨论：如何将春姑娘请进教室，营造浓浓春意？幼儿通过积极动手动脑，收集各种素材，营造出具有勃勃生机的春意氛围。还可开展春天种植观察活动，让幼儿收集不同的种子，在幼儿园种植区进行种植活动，引导幼儿观察植物生长的全过程。

（2）自然环保主题

地球是人类赖以生存的家园。保护自然环境、善待地球是人类共同的责任。要培养婴幼儿从小珍爱地球，保护环境的意识。

开展自然环保主题的环境创设活动，可以邀请婴幼儿与教师一起开动脑筋，充分讨论，共同酝酿设计方案，鼓励婴幼儿收集、交流和分享各种环保信息，带领婴幼儿齐动手，共同创作，真正发挥婴幼儿的主体性。

例如，森林是人类生存环境不可缺少的部分，是我们的绿色家园。结合森林防火的安全教育活动，鼓励家长与幼儿一起制作手抄报（见图 3-24），引导幼儿从小树立保护树木、爱护森林的意识，提高森林防火意识。

图 3-24　森林防火的亲子手抄报环境创设

又如，水是一切生命赖以生存的重要自然资源。结合世界水日在幼儿园开展节水、护水的主题活动，教师可以利用讲故事、讨论等多种形式，引导幼儿查阅、收集图文资料，积极参与主题环境的布置。通过主题活动幼儿了解到世界上很多地方都存在水资源缺乏的情况，认识到淡水资源的珍贵，增强了节水、护水的意识。（见图 3-25）

图 3-25 世界水日的主题墙环境创设

岗课赛证

教资考试考点
早期阅读的主题环境应从哪些方面来创设？

学习笔记

通过一系列的生态主题活动和自然美主题环境创设，引导婴幼儿逐步理解"人与自然和谐共生"的科学自然观，帮助婴幼儿从小牢固树立和践行绿水青山就是金山银山的理念，推进美丽中国建设。

5. 早期阅读主题环境创设

早期阅读是促进婴幼儿认知发展的重要形式。早期阅读能够激发婴幼儿的学习动机和阅读兴趣，能够提高婴幼儿的语言能力，是婴幼儿智慧发展的钥匙。[①] 研究表明，良好的早期阅读还有利于促进婴幼儿非智力因素的发展，促进婴幼儿良好性格的形成和健全人格的养成。为婴幼儿营造一个良好的阅读环境尤为重要。

①创设丰富的阅读情境。

在一日活动中，教师尽量创造各种机会让婴幼儿听、说、读、写，发展阅读思维。学龄前儿童正处于"读图"年龄段，图画书的视觉震撼比知识效果更为直接，对儿童情感、想象力、灵敏度以及审美感的启迪，正是他们日后成功与快乐生活的源泉。[②] 早期阅读通常以读图为主，绘本、画报、卡片等因其图像较大、色彩艳丽、形象清晰的特征，更能吸引婴幼儿的阅读兴趣。

例如，可以采用图画布置活动室墙面，引导婴幼儿先观察画面，再通过想象等理解画面的内容，接着在脑海中创编故事，然后组织语言将故事讲述出来。又如，在活动区角用图形将活动规则呈现出来，引领婴幼儿理解图形，读懂规则。又如，制作图文结合的食谱，邀请婴幼儿看一看、说一说，谈论菜的名称和营养。再如，鼓励婴幼儿运用图画的形式、记录每天的天气情况……

②创设阅读活动展示平台。

巧妙利用空间创设图书角。根据婴幼儿的年龄特点，配置各种样式的图书

① 万美玲. 浅谈早期阅读对儿童发展的重要性 [J]. 好家长，2015（34）.
② 张克顺，周庆红. 幼儿绘本设计制作与应用 [M]. 北京：北京师范大学出版社，2020.

架。图书架上摆放契合婴幼儿认知水平的、内容丰富的图书，定期更换图书。

开展读书活动。指导婴幼儿阅读、领会图书内容，开展看图编故事、木偶表演等多种形式的阅读延伸活动，鼓励婴幼儿积极上台表演。

③创造亲子共读的机会。

开展亲子共读活动。对家长进行培训，帮助家长掌握婴幼儿早期阅读的指导策略与技巧，提高亲子阅读的质量。定期、不定期邀请家长来园开展亲子共读活动：家长与婴幼儿玩一玩亲子阅读游戏，家长陪婴幼儿听一听、读一读绘本，家长和婴幼儿一起自制图书画册，等等。

6. 习惯主题环境创设

《3—6岁儿童学习与发展指南》提出，"让幼儿保持有规律的生活，养成良好的作息习惯"，"帮助幼儿养成良好的饮食习惯"，"帮助幼儿养成良好的个人卫生习惯"。托幼园所紧紧围绕有利于培养婴幼儿良好习惯的主题进行环境创设，从色彩上、造型上、内容上，努力为婴幼儿营造一个轻松自然的教育氛围，促使婴幼儿在潜移默化中接受熏陶，养成良好的习惯。[①]

①设置生活标识。

在托幼园所相应活动区域设置婴幼儿易于识别的安全、健康、生活等规则提示。这些提示既可以是简单的图形、符号、数字，也可以是照片、图片和简单的文字。规则提示的设置，可以有效提高婴幼儿的自主意识。通过环境的暗示，婴幼儿认识到在活动室、走廊、楼梯间时要遵守的基本规则：进入活动室要安静，在走廊里不能追逐打闹，上下楼梯靠右行等。托幼园所处处张贴的巧妙设计的标识，不但是一种美妙装饰，更是一种"润物细无声"的教育手段。

②设置有关良好常规的互动墙。

班级互动墙上可设置"我们的约定""好习惯""幼儿园的一日生活"等动态装饰和评比栏，让婴幼儿随时随地都能受到良好行为习惯的感染和引导。（见图3-26）

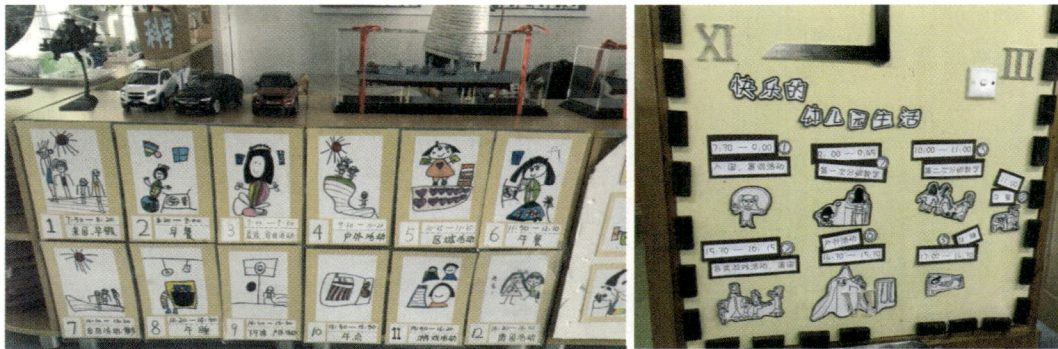

图 3-26　一日生活流程环境创设

岗课赛证

教资考试考点
行为习惯主题环境应从哪些方面来创设？

学习笔记

实践与运用 ▶▶▶

早期阅读是婴幼儿认知的一种重要形式，请谈谈早期阅读主题环境创设应注意哪些事项。

_____

_____

_____

学习效果检测

云测试

一、单项选择题

1. 教师提供的区域活动材料能为婴幼儿提供尽可能多的动手、动脑以及自我表现的机会，体现了活动区材料投放的（   ）。

A. 层次性   B. 可操作性   C. 丰富性   D. 适宜性

2. 教师尊重婴幼儿的人格，平等对待每一个婴幼儿的态度属于（   ）。

A. 精神环境影响   B. 内部环境影响   C. 外部环境影响   D. 物质环境影响

3. 磁铁、测量玩具、量杯等材料应投放在（   ）。

A. 美工区   B. 木工区   C. 科学区   D. 积木区

4. 关于区域活动材料投放不正确的表述是（   ）。

A. 材料要有层次性，采用渐进式投放

B. 材料需要不断调整和补充

C. 材料要多选用自然材料和废旧物品

D. 材料的数量越多越好

5. 布置班级建构区主题墙时，教师先让大班幼儿进行讨论，再按照讨论的结果进行创设，运用了环境创设的（   ）。

A. 开发性   B. 幼儿参与性   C. 经济性   D. 安全性

6. 下列关于幼儿园环境创设中安全性原则，说法不正确的是（   ）。

A. 材料要安全无毒   B. 避免使用易腐烂的材料

C. 玩具要定期消毒   D. 每日更换玩教具

7. 乳儿班和托小班应考虑设置喂奶室，使用面积不宜小于（   ）。

A. 12 m²   B. 10 m²   C. 15 m²   D. 8 m²

8. 学前儿童喜爱的幼儿园环境的特点不包括（   ）。

A. 富有新意的环境   B. 陌生的环境

C. 贴近自然的环境   D. 具有鼓励作用的环境

9. 托幼园所的物质环境应当随季节、教学任务及幼儿的需要、能力不断更新。这体现的是幼儿园物质环境创设的（　　　）。

A. 参与性原则　　　　B. 安全性原则　　　　C. 动态性原则　　　　D. 教育性原则

10. 托幼园所户外游戏的场地设计尽量要（　　　）。

A. 利用地形地貌的自然特点　　　　　　B. 人工装饰

C. 临时选取　　　　　　　　　　　　　D. 复杂多变

二、填空题

1. 托幼园所常规活动区通常可分为_____、_____、_____、_____四种类型。

2. 建构区的操作材料主要有两大类，一类是_____，另一类是_____。

3. 托幼园所卫生间所有设施的配置、形式、尺寸均应符合婴幼儿_____和_____的要求。

4. 区角板块的设置要具有_____。不断变化发展的教育环境，既有利于激发婴幼儿的_____和_____，又有利于婴幼儿_____和_____。

5. 良好的进餐环境不仅包括_____的美观和富有童趣，还包括_____的轻松愉悦，这样才能唤起婴幼儿的食欲。

三、简答题

1. 托幼园所缓解焦虑的主题环境创设应注意哪些事项？

2. 简述托幼园所室内常规活动区的创设原则。

3. 简述怎样进行托幼园所语言活动区的规划。

4. 简述托幼园所家园互动栏创设原则。

四、材料分析题

某托幼园所在结构区进行了分步骤的材料投放，开始时投放了一些大型积塑让婴幼儿拼插、搭建；然后又投放了一些木板、海绵块，暗示婴幼儿混合使用材料；一段时间后，又投放了一些纸盒、易拉罐等，鼓励婴幼儿综合运用多种材料，搭建有主题、有内容的场景。

请从托幼园所活动室环境创设的角度评价该幼儿园的材料投放。

学习评价与反思

学习目标

1. 了解家庭、社区环境资源对婴幼儿的影响以及托幼园所与家庭、社区合作共育环境创设的方法。

2. 了解家庭、社区环境资源的开发步骤，掌握利用的策略。

3. 了解特色环境资源对婴幼儿的影响，初步掌握特色资源应用的原则。

模块四

托幼园所合作共育环境创设

学习导航

托幼园所合作共育环境创设

托幼园所与家庭、社区合作共育环境创设	家庭、社区环境资源的开发与利用	托幼园所特色环境资源应用
家庭与托幼园所合作共育环境创设 / 社区与托幼园所合作共育环境创设	家庭环境资源的开发与利用 / 社区环境资源的开发与利用	特色环境资源与婴幼儿的发展 / 特色环境资源在托幼园所的应用

如果你是一位家长，你要为自己的孩子创建怎样的家庭环境，该选择什么样环境的社区，该怎样参与到托幼园所环境创设中去？

互动交流：

_____

_____

_____

对于托幼园所环境创设，有人说和家庭与社区没什么关系，那是托幼园所的事情，不需要家长和社区参与；家庭与社区环境对婴幼儿影响不大，选好托幼园所就好了。对于以上说法，你是怎样理解的？针对以上问题，我们需要一起了解如何处理家庭、社区与托幼园所环境创设的关系以及如何开发、利用家庭和社区资源对托幼园所进行环境创设。

单元 一
托幼园所与家庭、社区合作共育环境创设

学习任务单

姓名 _____   班级 _____   学习时间 _____

序号	学习任务	学习建议	完成效果		
			自我评价	同伴评价	教师评价
1	了解家庭、社区环境资源对婴幼儿的影响	收集相关案例尝试分析环境对婴幼儿的影响			
2	了解创设有效的家园合作共育环境的方法	尝试用思维导图的形式绘制创设有效的家园合作共育环境的方法			
3	了解创设良好的托幼园所与社区合作共育环境的方法	尝试用思维导图的形式绘制创设良好的托幼园所与社区合作共育环境的方法			
学习反思					

情境描述

　　某社区新时代文明实践站联合星光幼儿园和小王子早教中心邀请了家庭教育指导师、市教育局家庭教育讲师团专家李老师，国家二级心理咨询师、高级家庭教育指导员马老师，心理咨询师刘老师，某大学教育学院社会实践团队，开展公益暑期课第三期之"家庭教育"进小区志愿服务活动。本次活动内容涉及亲子关系、婴幼儿身心发展、养生保健、德育教育等，活动的开展增进了亲子关系，密切了托幼园所和社区的联系，也展现了婴幼儿多才多艺、奋发向上的良好精神风貌。

　　请思考：
　　如何创设有效的合作共育环境？

学习笔记

学习驿站

为了更全面地促进幼儿的成长和发展，托幼园所需要与家庭、社区形成合作关系。家、园、社区合作是婴幼儿保教现实的需要，也是婴幼儿保教发展的趋势。创建托幼园所、家庭、社区合作共育环境，能给婴幼儿的发展带来直接的益处，为婴幼儿未来的良好发展奠定基础。

一、家庭与托幼园所合作共育环境创设

（一）家庭环境对婴幼儿的影响

我们要重视家庭环境对婴幼儿成长发展的教育功能，增强家长创设家庭教育环境的意识与能力。

1. 家庭环境类型

家庭是 0～3 岁的婴幼儿最重要的生活场所，是婴幼儿成长中最自然的生态环境。婴幼儿未进入托幼园所前，家庭是对婴幼儿进行保育教育的首个基地，也是婴幼儿最重要的安全基地。（见图 4-1）家庭是婴幼儿的第一所学校。父母对待婴幼儿的态度为婴幼儿对待社会的态度奠定了基础。家庭教育可以说是基础教育的基础。能否为婴幼儿提供适合其发展的环境，关键在于家长的认知水平的高低。

图 4-1 在客厅中玩"开火车"游戏

家庭环境可分为软环境和硬环境。

家庭软环境主要指精神环境，也可以说是家庭的心理道德环境，包括家庭关系和教养方式等。

家庭关系对婴幼儿的个性品格、行为习惯、语言能力等的形成意义重大。家庭结构健全完整，成员关系融洽和睦，彼此信任与尊重，语言文明，团结一致，即使偶发矛盾，也能顺利解决，充分体现家庭是生活之港湾，在这样的氛围中，

家庭环境对
婴幼儿的影响

婴幼儿学会了互助、互爱、合作、谅解，思维、意志、能力等得到和谐发展，婴幼儿从中获得安全感，形成乐于接受教育的自觉性。然而，家庭成员关系不和谐，成员之间争吵不休，互相折磨，导致家庭结构产生变化，婴幼儿失去父母一方或失去双亲，成为弃儿。家庭的破裂破坏了婴幼儿赖以生存的乐园，婴幼儿内心的安全感和归属感消失了，婴幼儿还成了父母争夺的对象、倾诉的对象，甚至出气筒，这些都给婴幼儿心灵造成极大的创伤。

良好的教养方式是婴幼儿良好心理素质形成的关键。不同的教养方式对婴幼儿个性品格、心理素质的形成的影响是不同的。其一，智慧型教养方式。这是一种良好的教养方式，以民主、平常的态度对待、教育婴幼儿。这类家庭中的父母能给予婴幼儿鼓励和引导，而对婴幼儿的缺点、错误，能适时地批评指正，以提高婴幼儿的认识。这种教养方式下成长起来的婴幼儿坦诚友好、大方热情、自立自强，能关心他人，接受批评，也能经受压力，有独立处事的能力。其二，指责型教养方式。这种教养方式简单粗暴，缺少温情与理解等。这种教养方式下成长起来的婴幼儿或者胆怯、自卑，缺乏自信，或者暴戾、横蛮、逆反心理强，且往往会在捉弄别人、寻找报复中得到心理上的补偿和平衡。其三，放任型教养方式。这种教养方式是推诿责任，放任不管。这种教养方式下成长起来的婴幼儿放纵、偏执、易怒、不合群，对周围的事物漠不关心，甚至可能把父母对自己的精神折磨迁移到他人身上以求心理平衡。其四，溺爱型教养方式。这种教养方式是溺爱，有求必应。家长只想为婴幼儿提供更多更好的物质资源，提供无微不至的保护和帮助，不想让婴幼儿吃一点苦受一点累。这种教养方式下成长起来的婴幼儿自私、任性、放肆、易发脾气、好夸口。其五，圆梦型教养方式。一些家长由于各种各样的原因，年轻时没能受到良好的教育，于是寄希望于孩子，想让孩子实现自己年轻时的愿望。于是，他们根本不顾孩子的喜好，强行带孩子参加各种培训班，婴幼儿过早地背负起与他们年龄不相符的许多东西，心里压抑，进而产生厌烦情绪。父母是家庭教育的主心骨，是孩子言行举止的示范者，是孩子成长的责任人，因此有责任去构建良好的家庭环境，掌握正确的教养方式，使家庭呈现出民主、和谐、平等的融洽气氛，如此才能培养孩子讲责任、讲民主、讲勤奋、讲进步，不骄不躁，自尊自强的好品格。

家庭硬环境是可以用量化指标评判和衡量的环境因素，包括家庭资源、父母的文化水平和职业状况等。家庭资源是父母为婴幼儿准备的物理环境，从温暖舒适的房间、整齐有序的家居环境，到各种生活用品以及丰富的玩具，是父母为进行婴幼儿养育提供的基本物质保障。0～3岁婴幼儿主要通过与环境互动

教养类型

学习笔记

进行学习。环境是婴幼儿赖以生存和发展的关键条件。研究表明提供的物质环境资源越丰富，婴幼儿操作的机会就越多，获得的经验就越丰富。另外，父母的文化水平和职业状况对婴幼儿的早期发展也有较大影响。不同职业的父母在文化素养、个人修养和生活方式等方面存在差异，教养方式也存在明显不同，这些区别势必会对婴幼儿产生影响。

家庭环境也可以分为内环境和外环境。

家庭内环境指家里的人和事，主要包括家庭氛围、教养方式、教育内容等。婴幼儿独立行走前，大部分时间会和父母在一起。父母是天然的、不可选择的、不可更换的第一任教师。父母应尽力创造良好的家庭环境，营造温馨和睦、民主平等的家庭氛围，树立积极向上、勤劳节俭、整洁卫生的良好家风。

家庭外环境指家庭周围环境、周围人群、外部活动场所、外部人际关系等。《3—6岁儿童学习与发展指南》指出，人际交往和社会适应是幼儿社会学习的主要内容，是幼儿社会性发展的基本途径。所谓婴幼儿的社会性发展，是指婴幼儿从一个自然人，逐渐掌握社会的道德行为规范和社会行为技能，成长为一个社会人的过程。婴幼儿的亲社会行为是幼儿社会性发展的重要标志。婴幼儿的发展离不开家庭外环境。0～6岁是婴幼儿个体与社会环境互动的关键时期，运动能力的发展如行走，会使婴幼儿突破家庭范围，接触除了父母和家人之外的同龄群体与其他亲朋好友，从而加强社会联系，进一步促进其社会性发展。婴幼儿早期的社会经验所形成的行为，一旦变成习惯，便会成为人格特质的一部分，可见其重要性。影响婴幼儿社会行为的因素除了家庭内环境还有社会环境示范和社会活动机会。接触外部人群满足了婴幼儿对伙伴的需求，扩充了婴幼儿的生活经验。

2. 家庭环境资源的特点

其一，丰富性。家庭环境中可供婴幼儿使用的资源丰富、种类繁多，因此家庭环境资源具有丰富性的特点。

其二，随机性。家庭环境资源随时随地都在发挥作用，会直接或间接地影响婴幼儿的成长与发展。

家庭环境资源
的特点

其三，开放性。婴幼儿与家庭环境资源的互动渗透在日常生活中。家庭环境中的一切教育资源都可以利用，因此家庭环境资源具有开放性的特点。

其四，整合性。家庭环境资源内容多样，可以从不同角度，如根据不同功能加以整合利用，以帮助婴幼儿健康成长。

3. 改善家庭环境的途径与方法

为了使每一名婴幼儿都能拥有安全、舒适的成长环境，父母要改善育儿理

念，提高教养水平，努力创设和谐的家庭环境。改善家庭环境的途径与方法有如下几点。

（1）承担恰当的父母角色，形成和谐的夫妻关系

在育儿这件事上，父母创造的条件千差万别，但重要的一点是，父母要妥善处理好夫妻关系，双方要合理沟通，育儿理念、教育内容和教养方式要保持基本一致，以营造和谐的家庭氛围，通过家庭生活的细小环节，来塑造婴幼儿健全、良好的内心世界。

改善家庭环境的途径与方法

（2）建立和睦的家庭氛围和良好的亲子关系

父母要和婴幼儿一起游戏、一起学习，发展共同的兴趣，要和婴幼儿共享经验和成果，以建立和睦的家庭氛围和良好的亲子关系。父母要把婴幼儿作为与自己平等的人，要尊重婴幼儿的情绪，给他们一定的自主权。这种健康的家庭生活环境、和谐融洽的家庭气氛有助于婴幼儿健康心理的形成和稳定发展。

（3）改进亲子沟通态度与行为方式

尊重和信任是沟通的前提，有效的交流以此为基础。父母要以鼓励、理解、尊重的方式与婴幼儿沟通，要学会倾听，且允许婴幼儿发脾气。对婴幼儿的行为父母要真诚地做出反应，表达真实感受，而不是敷衍，甚至只有训导。即使惩罚也要富于情感性，要伴随合理的解释；父母要选择合适的谈话时机，双方有矛盾时也要避免伤害婴幼儿的自尊，用建设性的意见代替批评，将批评转化为希望。婴幼儿在遇到问题时是需要父母帮助的，父母要与婴幼儿共同寻找解决问题的途径。父母给出的指导越具体越好，但要尽量避免如迁就讨好、指责埋怨、打岔啰唆等不好的沟通方式。

（4）建立共同学习、互相学习的家庭环境

父母要学习发展心理学，要了解婴幼儿每个发展阶段的特点，能够结合婴幼儿每个发展阶段的特点，对其进行恰当的指导，而不是横加干涉。我们要意识到，做父母是需要不停学习、不断成长的，不能将养育责任推卸给老人或者保育教师。婴幼儿也是在不断模仿、不断学习中成长的。如果父母与婴幼儿能够共同学习、互相学习，充满理解、充满鼓励，婴幼儿生活在积极向上的家庭环境之中，那么其自信、好学的良好个性便会逐渐养成。

家庭中的婴幼儿保育与教育活动主要由父母实施。一些父母不具备科学的育儿理念、知识和能力，教养活动往往缺乏科学性、计划性，因此有必要对他们进行指导。由思想素质高、业务能力强、创新意识浓、育人观念新的教师来完成家庭早期教育指导的重要使命，是做好家庭教育指导的关键。社会形式的

学习笔记

岗课赛证

教资考试考点
作为托幼园所的教师，你认为该如何创设有效的家园合作共育环境？

婴幼儿早期教育活动，除了需要专业教师的指导，更需要父母在早期教育活动过程中的参与，因而对父母的指导有利于提高早期教育活动的效果。父母在作为幼儿教师指导对象的同时，又是幼儿教师的合作伙伴。家庭教育课程化，会使新家庭教育文化走进千家万户，从而给予父母最专业的指导，父母便能更科学地教养婴幼儿。让托幼园所与家庭携手共进，让科学的指导促使父母与孩子相互润泽，这样我们的孩子才会有爱、有梦、有未来。

《国务院办公厅关于促进 3 岁以下婴幼儿照护服务发展的指导意见》强调，加强对家庭的婴幼儿早期发展指导，通过入户指导、亲子活动、家长课堂等方式，利用互联网等信息化手段，为家长及婴幼儿照护者提供婴幼儿早期发展指导服务，增强家庭的科学育儿能力。

（二）家园合作的内容及存在的问题

托幼园所应鼓励和引导父母直接或间接地参与婴幼儿教育，齐心协力培养婴幼儿，促进婴幼儿全面发展。托幼园所应帮助家长树立正确的教育观念。《幼儿园工作规程》指出："幼儿园应当主动与幼儿家庭沟通合作，为家长提供科学育儿宣传指导，帮助家长创设良好的家庭教育环境，共同担负教育幼儿的任务。"

托幼园所与家庭合作的方式多种多样。作为教养人的父母参与托幼园所各种活动的方式主要有两种：直接参与式和间接参与式。家长直接参与托幼园所的活动，包括家长开放日、夏令营、亲子游戏、参与课程设置、被邀请主持一些活动等。家长间接参与托幼园所的活动，包括个别方式的家园联系和集体方式的家园联系。个别方式的家园联系如个别谈话、家访等。集体方式的家园联系如家长座谈会、家长委员会、家长学校、家长专栏等。

托幼园所与家庭合作存在两个常见问题，一是合作不够深入，具体表现为"三多三少"：家长方面是参观多参与少，间接参与多直接参与少，一次性参与多经常性参与少；教师方面是指令多对家长的具体指导少，抱怨多与家长的交流沟通少，园所展示表演多展示过程少。二是保教内容脱节，家长参与的活动多是亲子游戏，不容易和婴幼儿保育教育联系起来，家长学校等合作形式也常常是起不到应有的作用。因此，托幼园所与家庭应当进一步拓展合作的深度与广度，以便在婴幼儿教育中发挥更大的作用。

（三）创设有效的家园合作共育环境

托幼园所与家庭合作就是托幼园所和家长都把自己作为促进婴幼儿发展的一方，互相了解、互相配合、互相支持，形成教育合力，共同促进婴幼儿发展的方式。托幼园所和家长要建

创设有效的家园
合作共育环境

立平等互信的伙伴关系，创设有效的合作共育环境。托幼园所要真诚接纳家长参与，而家长也要积极支持配合托幼园所的工作安排，保持家园保教方式、内容一致，使婴幼儿全方位接受正面教育，实现全面发展。

1. 创设一个"我很熟悉这里"的环境

为了让家长更好地参与婴幼儿的成长，托幼园所入口大厅、接待室或婴幼儿活动室门厅等家长接触比较多的空间，可布置得舒适、温馨。这些空间可以为家长提供很多有关信息，如投放家长须知、婴幼儿成长小册子、交流本、社区资料以及院所的空间安排平面图等，以满足家长熟悉托幼园所的需求。

2. 创设一个"我很喜欢这里"的环境

为了让家长更好地参与婴幼儿的成长，就要创设一个婴幼儿、家长、教师都很喜欢的环境。要确保托幼园所创设的环境不忽视任何一个与婴幼儿相关的家庭。了解婴幼儿家庭最好方法就是家访。要通过不同的方式让家庭文化背景参与到托幼园所的环境创设中：张贴家长参与园所活动的照片，开展专题展示婴幼儿家庭游戏的活动，分享不同家庭的育儿心得，播放家庭的访谈视频，等等。家长在不同的环境中都能发现自己的影子，便会产生一种"我很喜欢这里"的情绪。（见图 4-2）

图 4-2 家庭照片展示墙

3. 创设一个"我很方便"的环境

创设一个方便获取、分享婴幼儿发展信息的环境，保障家长的知情权，让家长了解婴幼儿在园的一日生活及其具体表现。通过日常沟通、班级信箱、家访、家长会、开放日等方式，方便家长有效获取和分享婴幼儿的信息；通过"育儿百宝袋""育儿小窍门""育儿图书角""家长布告栏"等环境创设，方便家长查阅、获取育儿信息和资源；通过一日活动计划、一周食谱、活动视频或照片，方便家长了解婴幼儿现阶段的发展情况。（见图 4-3）

学习笔记

学习笔记

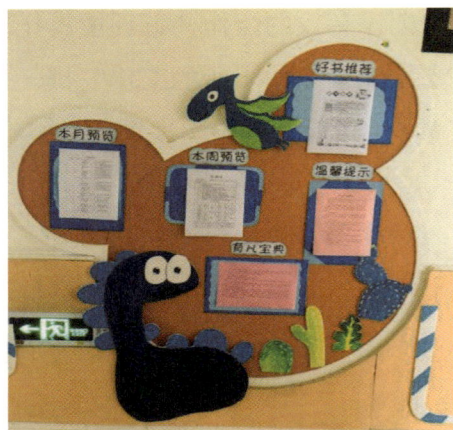

图 4-3　家园联系栏——育儿宝典

4. 创设一个"我很重要"的环境

托幼园所教师要了解婴幼儿家长的基本情况，了解家长的育儿模式以及家长对托幼园所保育工作的要求；还要重视家长的价值，鼓励家长利用他们不同的专业优势，参与园所活动与管理。很多托幼园所设有家长委员会，通过家长委员会，家长积极地参与托幼园所的活动。托幼园所的教师可以引导家长分享想法，帮助制作环境创设的材料，提供相关主题的园所外的参观机会；引导家长理解教师对婴幼儿成长的价值。这样的参与会让家长感觉到"我很重要"，产生一种价值获得感。

5. 创设一个"我很放心"的环境

为了让家长感觉把孩子交给托幼园所照管是放心的，可以通过展示教职工的相关资质、获奖情况，展示托幼园所的安保情况，展示一日活动的流程及安全防护措施，提供 24 小时监控等方式，帮助家长建立对托幼园所的信心。

家园共育离不开家长的配合与支持，创设家长满意、婴幼儿舒服的环境很重要，教职工的基本需求也不可忽视，要提供健康、安全、舒适的工作环境，适当提高福利待遇，使教职工体会到自己的价值，如此才能减少他们的职业压力和倦怠感，才能促使他们有效工作。

家园合作意义重大。家园合作是婴幼儿发展的需要。家庭资源是托幼园所教育资源的重要补充，家园配合才能促进婴幼儿健康和谐发展。

二、社区与托幼园所合作共育环境创设

社区环境是婴幼儿成长的环境之一。社区是社会大环境中与托幼园所关系最密切、对婴幼儿影响最大的一部分。婴幼儿的健康成长离不开托幼园所环境和社区环境的有效配合。

（一）社区环境对婴幼儿的影响

我国学前教育专家黄人颂认为："在一定地域里，在生活上互相联系，具有一定社会关系的人群就是一个社区。"它是社区主体赖以生存及社区活动得以产生的自然条件、社会条件、人文条件和经济条件的总和。构成社区环境的基本要素包括地域、人口、设施、文化、组织等。社区成员共同创造、享有社区环境，婴幼儿是社区人口的组成部分，其教育是社区建设的一项重要内容。生产功能、生活功能、文化功能兼备的社区，能为托幼园所提供所需的人力、物力、财力、场所等多方面的支持。

社区环境包括自然环境、社会环境、人文环境。

自然环境主要是指社区的区位，规划的范围，社区内的绿化、净化和美化状况等。社会环境主要是指社区的生活环境、消费状况和治安状况等。人文环境主要是指社区的文化环境、生活习惯和人际关系状况等。（见图4-4）

社区环境对
婴幼儿的影响

图 4-4 社区环境

俗话说，养一个孩子需要一个社区。社区环境为婴幼儿提供生活环境、学习环境和游戏场所，是婴幼儿最熟悉的地方，蕴藏着丰富的学习资源，是家庭环境和托幼园所环境的延伸，是婴幼儿认识、接触社会的窗口，是婴幼儿成长过程中的重要环境，对婴幼儿的成长，特别是精神的成长有重要的意义。托幼园所可以利用社区环境中富有教育价值的自然景观、人文景观等对教育内容进行丰富和深化。在衡量一个社区时，我们通常会看社区的建筑风格、居民休闲娱乐空间、居民整体素质、停车位数量、物业管理、水电暖，以及社区是否依山傍水，交通是否便利，子女求学是否容易，就医是否方便等。处于绿化好、设施好、管理好、居民素质高、生活便利的社区中，婴幼儿会更加主动地探索周围的环境，会更愿意尝试与他人交往，会更好地适应环境，会更容易形成良好社会情感、道德规范，形成对社会的正确认识。

学习笔记

（二）托幼园所与社区合作的原则

第一，经常性原则。托幼园所要与社区保持经常性联系与沟通，保持密切合作。

第二，地方性原则。托幼园所要选择有地方特色的社区文化资源进行利用。

第三，简便性原则。托幼园所与社区合作的方式要简单易操作。

第四，互利性原则。托幼园所与社区的合作要既能丰富托幼园所的教育内容，又能活跃社区文化，互惠互利。

第五，教育性原则。托幼园所要选取有教育价值的社区资源作为教育资源的有益补充。

（三）托幼园所与社区合作的方法

第一，筛选社区里的各种人力资源为婴幼儿开展保教活动。

第二，利用社区的物质资源刺激婴幼儿。

第三，利用社区开展的各种文化卫生活动教育婴幼儿。

第四，建立婴幼儿活动共建基地。

第五，开展流动婴幼儿服务活动。

托幼园所与社区
合作的方法

第六，建立家庭婴幼儿保育教育指导中心，开展指导家庭保育教育的活动。

第七，与社区联手，开展优化社区环境的活动。

（四）创设良好的托幼园所与社区合作共育环境

第一，社区兼具多种功能，如生产功能、生活功能、文化功能等，能为婴幼儿提供教育所需要的人力、物力、财力等多方面的支持。婴幼儿教育事业的发展需要广泛动员社会各方面的力量，获得更多的支持和帮助。只有这样，才能为婴幼儿提供更好的保教环境。社区教育可以充分利用社区资源，建立健全社区婴幼儿教育服务的规划、组织等机制，形成全方位、开放的教育系统，促进婴幼儿教育的多样化与社会化。

《国务院办公厅关于促进3岁以下婴幼儿照护服务发展的指导意见》指出，要加大对社区婴幼儿照护服务的支持力度。发挥城乡社区公共服务设施的婴幼儿照护服务功能，加强社区婴幼儿照护服务设施与社区服务中心（站）及社区卫生、文化、体育等设施的功能衔接，发挥综合效益。支持和引导社会力量依托社区提供婴幼儿照护服务。发挥网格化服务管理作用，大力推动资源、服务、管理下沉到社区，使基层各类机构、组织在服务保障婴幼儿照护等群众需求上有更大作为。

第二，社区环境教育是家庭教育和托幼园所教育的重要补充。托幼园所要充分利用社区教育资源。社区环境教育具有共享性、社会性、随机性、间接性

的特点。在社区活动中，婴幼儿和成人一样共享同一社区环境资源，婴幼儿所接触的一些事物是在家庭和托幼园所中接触不到的。社区向婴幼儿展示了社会环境更丰富、更生动的一面。婴幼儿能主动感受社区环境，自主选择处理各种信息，获得第一手社会经验。社区环境也间接地影响着婴幼儿的情感、道德规范、社会认知等精神层面的东西。社区环境具有一定的开放性，能为广大婴幼儿提供多种接触社会、与人交往的机会，从而培养婴幼儿良好的社会适应能力。社区环境教育有利于婴幼儿教育从封闭走向开放。

第三，托幼园所是社区环境的重要组成部分。托幼园所教育本身的发展也离不开社会力量的支持。有了社区的积极配合和支持，托幼园所的周边环境更和谐，办园条件也得以改善。托幼园所应积极参与社区服务，回馈社区，为社区建设贡献自己的力量。

家庭对婴幼儿一生的发展有深远的影响，托幼园所是婴幼儿获得各方面能力的主要场所，社区是婴幼儿社会化最直接的阵地。总之，托幼园所无法独立完成婴幼儿的保育教育工作，只有形成托幼园所、家庭、社区"三位一体"的合作伙伴关系，才能创设和谐的婴幼儿共育环境，才能促进婴幼儿的身心健康、全面发展。

🌱 **学习笔记**

🔘 实践与运用 ▶▶

谈一谈如何利用社区环境有效促进婴幼儿社会性发展。

学习效果检测

云测试

一、单项选择题

1. 保持家园协调一致，使幼儿全方位接受正面教育，会收到（　　）的效果。

A. 较好　　　　　　B. 事半功倍　　　　　C. 事倍功半　　　　　D. 意想不到

2. 0~3岁的婴幼儿最重要的生活场所是（　　）。

A. 社区　　　　　　B. 幼儿园　　　　　　C. 家庭　　　　　　　D. 社会

3.（　　）是婴幼儿的第一任教师。

A. 父母　　　　　　B. 保育员　　　　　　C. 幼儿园教师　　　　D. 小学教师

4.家庭软环境不包括（　　）。

　　A.家庭结构　　　　　B.物质资源　　　　　C.家庭氛围　　　　　D.教养方式与内容

5.在早教活动中，家长是一种重要的教育力量，在作为婴幼儿教师指导对象的同时，是幼儿教师的（　　）。

　　A.合作伙伴　　　　　B.学习榜样　　　　　C.倾诉对象　　　　　D.行动向导

6.下列与家长进行有效沟通的策略，不正确的是（　　）。

　　A.换位思考，尊重家长　　　　　　　　B.客观评价，取得信任

　　C.指出缺点，批评教育　　　　　　　　D.讲究方法，艺术沟通

7.目前我国家园合作的形式中，家长参与托幼园所管理的主要形式是（　　）。

　　A.家园联系手册　　　B.家长会　　　　　C.开放日　　　　　D.家长委员会

8.家园联系中最快捷也最灵活的一种方式是（　　）。

　　A.电话联系　　　　　B.家长学校　　　　C.咨询活动　　　　D.家长委员会

9.每一位家长都希望能了解婴幼儿在托幼园所的生活，教师要经常给家长创造这样的机会，其中最常采用的方式是（　　）。

　　A.亲子活动　　　　　B.节日联欢　　　　C.开放日　　　　　D.亲子运动会

10.社区中的腰鼓队表演时，教师带领幼儿去观看，这发挥了（　　）对幼儿教育的意义。

　　A.社区资源　　　　　B.社区文化　　　　C.社区环境　　　　D.社区习俗

11.下列关于托幼园所与社区合作的原则不正确的是（　　）。

　　A.地方性原则　　　　B.教育性原则　　　C.简便性原则　　　D.单一性原则

12.（　　）是联系家园的纽带，是传输信息和知识的桥梁。

　　A.家访工作　　　　　B.家园之窗　　　　C.家长委员会　　　D.家长学校

13.下列家庭教育做法中，哪种做法是较为合理的？（　　）

　　A.在孩子未成年时，父母全身心地投入到孩子身上，一切为了孩子。

　　B.尽量满足孩子的一切要求。

　　C.当父母的教育观念与爷爷奶奶的相抵触时，以父母的观念为准。

　　D.即便是最民主的家庭，也对孩子有所保留，有时还要适当回避。

14."清高孤傲，自命不凡"，最容易在（　　）亲子关系的家庭出现。

　　A.智慧型　　　　　　B.指责型　　　　　C.圆梦型　　　　　D.放任型

15.教师了解婴幼儿最好的信息来源是（　　）。

　　A.同龄人　　　　　　B.社区人士　　　　C.家长　　　　　　D.教养员

二、多项选择题

1.在早期婴幼儿发展活动中，对父母进行指导常用的方法与手段有（　　）。

　　A.入户指导　　　　　B.亲子活动　　　　C.网络手段　　　　D.家长课堂

　　E.口头指导

2.社区环境主要包括（　　）。

A.自然环境　　　　　B.社会环境　　　　　C.人文环境　　　　　D.学习环境

E.家庭环境

三、简答题

1.简述家庭教养方式的常见类型。

2.简述改善家庭环境的途径与方法。

3.简述社区环境的构成要素。

4.简述托幼园所与社区合作的方法。

5.简述托幼园所与社区合作的原则。

四、材料分析题

材料1.乐乐是一个3岁的男孩儿，经常和父母一起在他家附近的街心公园里散步，偶尔能看到个别行为不当的青少年，他们抽烟、说脏话等。看到这些场景，乐乐会很好奇地问父母："他们为什么要这样做？他们是不是很酷？"父母为了避免他受到不良影响，便十分肯定地告诉他这些行为不仅不酷，而且会对身体健康造成伤害。父母还告诉乐乐，应该学习健康的生活方式，做一个有礼貌、有担当、有责任心的人。

在幼儿园里，乐乐表现出他父母对他的影响：会主动与小朋友分享玩具、帮助老师做事。当老师讲到与"行为规范"相关的内容时，乐乐表现得尤为出色，他非常熟悉这些规范，并能很好地运用到一日生活中去。

请根据上述材料和所学的家庭环境对婴幼儿影响的相关知识，说一说家庭环境创设的重要性。

材料2.星期一，家长对王老师说："孩子在家过了一个双休日，就提醒了我们好几次，让我们东西不要乱放，要放回原位；吃饭不要挑食，要多吃蔬菜；果皮垃圾要放在厨余垃圾桶内。"站在一旁的张老师颇有同感地说："是啊，如果家长都能按我们的要求去教育孩子，我们的工作就好做多了！"家长接着说："希望老师多给我们提供一些养育孩子的文章，我们好和幼儿园保持同步……"

结合上述材料，谈一谈家园合作对婴幼儿发展的重要意义。

学习评价与反思

单元 二
家庭、社区环境资源的开发与利用

学习任务单

姓名 _____ 班级 _____ 学习时间 _____

序号	学习任务	学习建议	完成效果		
			自我评价	同伴评价	教师评价
1	了解家庭环境资源开发的原则与步骤	尝试用列表或流程图的形式进行总结			
2	了解家园共育的实施策略	尝试用思维导图的形式进行总结			
3	了解社区环境资源的开发与利用的方法及注意事项	尝试用思维导图的形式进行总结			
学习反思					

情境描述

　　某幼儿园最近活动丰富，先是组织幼儿和家长一起逛社区超市，通过购物活动让幼儿体验生活；又在"认识蔬菜"活动时组织幼儿和家长到附近菜市场观察，还让幼儿总结认识了多少种蔬菜；后来又邀请家长带领幼儿到小区参与捡拾白色垃圾活动，为美化社区服务。家长觉得托幼园所"不务正业"，总是耽误家长的时间，但看到孩子脸上的笑容、日渐增长的本领，又似乎意识到了什么。这个案例说明了什么？

请思考:

1. 家庭教育资源可分为哪几类?

2. 家园共育的实施策略有哪些?

学习驿站

我们要对家庭、社区资源进行充分挖掘和开发,合理利用家庭和社区中的自然环境、人文环境、社会环境等教育资源,促进托幼园所与家庭、社区有效合作,为婴幼儿健康成长奠定坚实的基础。

一、家庭环境资源的开发与利用

家庭环境资源是托幼园所教育资源的重要组成部分。托幼园所要发掘家庭中所蕴含的人力、物力、信息资源,调动家长关心、支持、参与婴幼儿教育和管理,家园配合,共同创设良好的育人环境,提高婴幼儿保教质量。

(一) 家庭环境资源开发的原则

家庭资源种类丰富,托幼园所开发利用这些资源要遵循一定的原则。

家庭环境资源
开发的原则

其一,安全性原则。家庭教育资源的开发要在充分保证婴幼儿安全的前提下进行。

其二,适宜性原则。家庭教育资源的开发要尊重婴幼儿的年龄特点和发展特征,注重婴幼儿的潜能开发和个性发展。

其三,教育性原则。家庭教育资源的开发是为婴幼儿保育教育服务,因此一定要选择有教育价值的资源。

其四,互动性原则。家庭教育资源的开发要遵循互动性原则,即选择适合婴幼儿与家长、教师共同参与、能进行合理的互动的家庭资源。

学习笔记

（二）家庭环境资源开发的步骤

家庭环境资源有很多，该如何选择与利用呢？开发家庭环境资源可参照下面的步骤。

1. 改变家长教育观念

在日常婴幼儿保教工作中，托幼园所教师是重要的参与者，然而很多婴幼儿保教问题的解决仅依靠教师远远不够，还需要家长的积极支持与配合。一些家长片面地认为将婴幼儿交给了托幼园所，教育问题就都应该由托幼园所全权负责，很多时候只是顺从托幼园所的要求，做些辅助工作，缺乏主体地位，没有主动参与的意识。托幼园所要用平等、尊重、合作的态度与家长积极沟通互动，唤醒家长的主体意识，转变其教育观念，提高其保教水平，引导其积极参与到婴幼儿保教活动中来。

根据情况的不同，托幼园所与家长沟通的方式通常有了解性沟通、发展性沟通、问题性沟通三种。

其一，了解性沟通。教师需要了解初入园所婴幼儿的一些生活、卫生习惯及性格特点等，而家长需要了解托幼园所的保教工作，这就需要教师与家长进行沟通。教师可以通过发放"婴幼儿入所须知""幼儿生活情况调查表""幼儿各年龄段的发展目标"等资料，以及家访等方式与家长交流，并让家长体会到教师的尽心尽责。这样的沟通方式往往会起到事半功倍的效果。

其二，发展性沟通。在教师对婴幼儿有了一定程度的了解，基本掌握了婴幼儿的发展水平的基础上，为了婴幼儿更好地发展，教师可以设计"婴幼儿现阶段发展目标"、"婴幼儿现阶段在园所表现情况"和"婴幼儿现阶段在家表现情况"等问卷与家长进行沟通，然后共同制定婴幼儿发展的阶段性目标，家园合作，促进婴幼儿的发展。

其三，问题性沟通。婴幼儿在成长的过程中会遇到各种各样的问题。在保教过程中，教师要敏锐地观察婴幼儿的发展状况，捕捉瞬间行为，掌握婴幼儿的真实情况，针对其情感、态度、能力等发展状况及时与家长沟通。如果婴幼儿出现情绪差、同伴交往困难、偏食等问题，应与家长共同制订矫正计划，通过适宜措施及时纠正幼儿的不良行为。

有效的沟通促使家庭资源在相关教育活动中发挥作用，帮助家长发现自身教育中存在的不足，从而逐步改善自身教育观念与方法。家园合作，共同提升婴幼儿保教质量。

2. 开发家庭教育资源

托幼园所教育要重视开发利用家庭环境资源。托幼园所应积极调动家长的

家庭环境资源开发的步骤

托幼园所与家长沟通方式

主观能动性，充分利用各种家庭教育资源，拓展托幼园所教育空间。首先，有目的、有计划地与家长进行沟通，了解不同家庭的资源优势，确定可开发利用的家庭教育资源。例如，了解家长的特长、参与幼儿教育的积极性等，并做好详细资料的整理归类工作。其次，根据沟通情况选择有高度责任心、有参与热情、有时间参与的家长，确定可开发利用的家庭教育资源。例如，有的家长喜欢研究民俗并且善于演讲，可以为婴幼儿讲民俗故事；有的家长从事交通警察职业，可以为婴幼儿介绍交通标识和简单的交通规则（见图4-5）；有的家长是少数民族同胞又能歌善舞，可以为婴幼儿展示美丽的民族服装、民族特色歌舞。此外，从事美术相关工作的家长可以帮助教师创设环境，有营养健康学背景的家长可以帮助制定科学的婴幼儿营养食谱，等等。

图 4-5 "我"也要当交通警察

3. 利用家庭教育资源

最大限度地开发和利用家庭教育资源为婴幼儿保教服务。要使家庭教育资源得到很好的利用，须通过开展特定的活动来实现，做到既能让活动同托幼园所日常的教育契合、具有积极的教育意义，又能使家长在参与的过程中充分发挥作用、自身资源得到有效利用。教师要制订详细的实施方案和活动计划，避免耽误时间，发挥不了应有的教育意义。

托幼园所教师要善于沟通、观察。通过沟通，不仅能够了解婴幼儿的基本情况，还能发现很多潜在资源，这是家园合作的基础。充分挖掘、利用家长的优势资源，并将其转化为保教资源，可以弥补园所其他领域专业知识的不足，给婴幼儿带来更丰富的教育内容。托幼园所要合理安排家长参与园所活动设计，树立家园共育的榜样，带动更多家长参与进来，达到家园共育的目的。

（三）家园共育的实施策略

托幼园所要充分调动家长的积极性，引导他们配合、参与托幼园所的各种活动，达到家园共育的目的。

家园共育的
实施策略

1. 参与托幼园所环境创设

家长可配合托幼园所教师要求，参与环境创设。家长首先要熟悉托幼园所保教内容、保教特点与保教方式，学习一些科学育儿知识，熟悉婴幼儿在托幼园所的生活状况。家长还可以通过提供物质材料、分享育儿经验等方式参与幼儿园环境创设。

托幼园所根据开展的亲子活动内容，设计、布置活动区和主题墙饰，发动婴幼儿家长提供部分物质材料是较为常用的方法。家长提供的物质材料可以是婴幼儿的照片、婴幼儿喜爱的玩具，也可以是干净安全的废旧材料等。这些物质材料不仅使婴幼儿感到亲切，也丰富了班级资源。利用废旧材料创设环境、制作玩教具，仅靠教师，会显得力不从心，婴幼儿与家长的参与不仅解决了材料缺乏的问题，还培养了婴幼儿环保、节约的好习惯，增进了家园之间的沟通与联系。（见图4-6）

图 4-6 家庭提供的材料

2. 参与托幼园所各种活动

采取多项措施，比如设置托幼园所家长学校、家长委员会、家长志愿岗等，保障家长的参与权。可以让家长参与托幼园所的管理与监督工作，参与园所开展的各种活动等。托幼园所要丰富参与形式，安排合理活动，增加家长与婴幼儿互动的机会。通过活动促进家长、婴幼儿、教师的多方面沟通，也让婴幼儿有更多的机会感知和体验自然与社会。

3. 分享各种育儿经验

搭建交流平台，创设良好的交流环境，分享科学育儿经验，共促婴幼儿发展。

家园互动不是单向影响而是互相影响的过程。不同的家长有不同的育儿经验，可以通过平台与其他家长或教师进行交流，同时有选择地吸收其他家长的育儿经验，互相学习，取长补短。利用园所大厅、图书室、活动室门厅为家长创设"经验分享""家园联系本""有话你说""教一招""资源共享区"等家园互动栏或阅读角。通过浏览专业的育儿经验或育儿书籍,家长能获取所需的育儿知识,并与托幼园所教育思想保持一致,达成教育共识。

二、社区环境资源的开发与利用

(一)社区环境资源开发与利用的原则

托幼园所对社区资源的开发与利用,要遵循以下原则。

1. 双向互利原则

社区环境资源的开发与利用

托幼园所的发展依赖于社会的支持。托幼园所应把良好的社区教育环境看作办好托幼园所不可缺少的外部环境。托幼园所应加强与社区的沟通与交流,做到资源共享,丰富社区文化。只有社区内形成重视婴幼儿保教的风气,托幼园所开发社区环境资源的工作才能顺畅进行。托幼园所与社区的沟通与交流应是双向互利的交流:一方面,托幼园所开发利用社区内各种教育资源为园所服务;另一方面,托幼园所又服务于社区,为社区的建设发挥自己的优势,形成区域性婴幼儿保教服务中心,改善社区婴幼儿教育质量。

2. 制度化原则

社区环境资源的开发与利用是一项庞大的工程,盲目开发不但会耗费教师过多的时间、精力,而且效果也不佳。因此开发与利用社区环境资源,要加强制度保障。例如,在托幼园所层面形成一定的制度,以方便教师对社区教育资源的利用,以保证社区对教育要求的反馈渠道的畅通,等等。

3. "宽面浅度"原则

托幼园所在开发与利用社区环境资源的过程中,对已开发的资源要整理、归纳,以方便后续的使用。开发新资源时要遵循"宽面浅度"的原则——既能满足保教活动的需要,又要避免牵扯过多精力而影响正常教育进度。

4. 突出地方特色原则

各地的自然环境、社会环境、人文环境等各不相同,在开发与利用社区环境资源时,要充分发挥本地社区环境资源优势,突出自身的特色,让幼儿在独具特色的环境中生活、游戏、成长,获得健康发展。

(二)社区环境资源开发与利用的方法与策略

社区环境资源是婴幼儿教育活动重要的环境资源之一,要充分开发利用社区资源,优化托幼园所教育资源。(见图4-7、图4-8)

图 4-7　社区大滑梯

图 4-8　组织幼儿在社区"看落花"

1. 社区环境资源开发与利用的方法

首先，调查附近社区资源的种类，做到心中有数，筛选可以利用的资源，如热心教育、热心公益、有意愿为婴幼儿保教提供服务的单位，完成社区环境资源调查表。

其次，在走访调查的基础上，向意愿单位提出挂牌共建，签订共建协议并举行挂牌仪式。协议要标明双方负责人、活动内容、活动方式、义务和责任等。

最后，建立联系机制，与共建基地加强联系，定期或不定期碰面会谈，了解工作开展情况。

2. 社区环境资源开发与利用的策略

推进婴幼儿保教工作，开发与利用社区环境资源的策略如下：

（1）加强社区联系，服务社区文化

托幼园所要主动加强与社区的沟通与联系，争取社区的支持，可以邀请社区相关人员来访，请他们参观托幼园所的环境设施情况，或者提出改进建议，或者共同制订合作计划，使托幼园所与社区的联系工作得以顺利开展。托幼园所也要利用自身优势，走进社区进行婴幼儿保教宣传，如派有经验的教师定期到社区进行科学育儿知识讲座，以帮助家长树立正确的保育教育观，提高家长科学育儿的水平。托幼园所还可以开展多种形式的开放活动，使社区共享托幼园所教育资源，如节假日向社区婴幼儿开放户外活动区，为社区婴幼儿提供游戏场所等。

（2）走进社区生活，丰富婴幼儿知识

在与社区的合作中，托幼园所可直接利用社区丰富的资源，让婴幼儿走进社会大课堂。其一，利用社区的各种物质资源，如社区艺术中心、社区花园等，达到资源共享、节约教育经费的目的。其二，利用社区各种人力资源，如邀请社区内的劳动模范、优秀党员、医务人员、交通警察等来园，请他们讲述先进事迹或各种专业知识，以开阔婴幼儿的视野。实践证实，利用社区资源开展主题活动，能够促进婴幼儿良好行为品质的养成，巩固和丰富婴幼儿的知识，促进婴幼儿智力发育，培养婴幼儿爱家乡、爱祖国的情感，真正起到促进婴幼儿全面和谐发展的作用。

（3）挖掘社区资源，拓展教育内容

托幼园所要善于利用社区资源，拓展教育内容。社区周边资源丰富多彩，超市、菜市场、银行、理发店、医院、小学等都是可利用的教育资源，都能成为开展主题活动的活教材。因此，托幼园所要合理利用这些社区资源，丰富婴幼儿的生活，开展不同的教育活动。

（4）利用社区资源，加强制度保障

托幼园所牵头组建社区婴幼儿教育委员会，共同商议社区托幼教育工作事宜；组建社区早期教育工作小组，熟悉本社区婴幼儿的情况，做好婴幼儿保育指导工作；将社区实践活动列入托幼园所教育工作计划，定期邀请社区有关人士走进托幼园所，了解、评议托幼园所的工作，并将各方反映的问题、意见或建议等登记归档；主动与社区沟通交流，确保托幼园所社区合作共育的有效性。总之，托幼园所要加大舆论宣传力度，强化科学育儿指导，充分利用家园联系栏、托幼园所教育网站、微信群、家长会等，向家长、社区广泛宣传托幼园所工作和合作共育的重要意义，从而带动家庭、社区进一步关心、支持婴幼儿教育事业，三者形成合力，促进所有婴幼儿健康地、全面地发展。

学习笔记

◆ 实践与运用 ▶▶▶

如何充分开发与利用所在社区的环境资源，以优化托幼园所教育资源？

学习效果检测

云测试

一、单项选择题

1.下列哪一项不属于可挖掘利用的社区环境资源？（　　）

A.社区医院　　　　　B.超市　　　　　　C.社区文化站　　　　D.小明舅舅

2.下列哪一项不属于可挖掘利用的家庭环境资源？（　　）

A.家长是交通警察　　　　　　　　　　B.家长会做面塑

C.家长迷信　　　　　　　　　　　　　D.家长是见义勇为英雄

二、多项选择题

1.根据情况的不同，与家长沟通方式通常有（　　）。

A.了解性沟通　　　B.发展性沟通　　　C.问题性沟通　　　D.随意性沟通

E.条款性沟通

2.家庭资源种类丰富，托幼园所开发利用这些资源要遵循（　　）。

A.趣味性原则　　　B.适宜性原则　　　C.安全性原则　　　D.教育性原则

E.互动性原则

3.托幼园所对社区资源的开发与利用，要遵循（　　）。

A.双向互利原则　　　B.制度化原则　　　C."宽面浅度"原则　　D.地方特色原则

E.互动性原则

三、简答题

1.简述家园共育的实施策略。

2.社区环境资源利用与开发的策略有哪些？

3.与同学模仿教师和家长沟通的情况，尝试制作一份了解婴幼儿家长信息的登记表。

学习评价与反思

单元 三
托幼园所特色环境资源应用

学习任务单

姓名 ＿＿＿＿＿＿＿＿＿＿　　班级 ＿＿＿＿＿＿＿＿＿＿　　学习时间 ＿＿＿＿＿＿＿＿＿＿

序号	学习任务	学习建议	完成效果		
			自我评价	同伴评价	教师评价
1	了解特色环境资源应用的原则	收集相关案例，试分析特色环境资源应用的原则			
2	总结特色环境资源的类型及应用实施策略	可通过思维导图分别总结城市资源的类型与实施策略			
3	结合案例分析特色资源对婴幼儿发展的影响	寻找相关案例尝试分析			
学习反思					

情境描述

　　某幼儿园利用当地的特色资源——土布博物馆，带领幼儿参观土布艺术品，了解纺织历史和纺织技术。通过参观学习，幼儿对"工匠精神"有了一定的了解，对中华优秀传统文化有了一定的了解。

　　请思考：

　　托幼园所应如何应用特色环境资源？

＿＿＿

＿＿＿

＿＿＿

岗课赛证

连线职场

你作为托幼园所的教师，你认为特色资源应用应遵循哪些原则？

学习笔记

学习驿站

地域不同，托幼园所的环境资源也有差别。只有善于挖掘、开发，环境资源才能成为可以应用的特色教育资源。托幼园所要进行有地域特色的环境创设，开展特色活动，以满足婴幼儿多样化发展的需要。

一、特色环境资源在托幼园所的应用

应用特色资源创设婴幼儿保教环境，让幼儿在独具特色的环境中生活、游戏、成长。

（一）特色环境资源的应用原则

1. 生活性原则

托幼园所在开发利用特色环境资源时应选择富有教育价值的内容，特别是幼儿熟悉的事物。婴幼儿有相关生活经验，才能在与环境的互动中获得更好的发展。

2. 时代性原则

社会发展迅速，瞬息万变。幼儿的生活环境与社会生活、社会生产、科学技术紧密相连。婴幼儿有强烈的好奇心和探索欲。托幼园所在应用特色环境资源时，要遵循时代性原则，将能满足婴幼儿好奇心的新兴事物作为充实教育的内容，创设具有时代性的特色教育环境。

3. 地域性原则

中国地域广阔，地理环境、气候条件差异较大，民族众多，风俗习惯各不相同，因此便形成了独具特色的地方文化和丰富多彩的民族风格。基于地方特色环境资源开发和托幼园所环境创设，要从婴幼儿发展的角度出发，充分挖掘、整合各种地方特色资源，利用托幼园所的现有条件，创设诸如家乡民俗、节日文化、民间艺术、家乡美景等环境，以增强婴幼儿对传统文化的认知和了解，对乡土文化的认同和喜爱，为树立民族自信心和自豪感打下良好基础。

（二）特色环境资源的应用策略

地处城市和农村的托幼园所可选择的特色资源有很大差别。

1. 城市特色资源类型和应用策略

（1）资源类型

对于托幼园所而言，可利用的城市环境资源主要有物质环境资源、文化环境资源。物质环境资源如超市、医院、公园、地铁站、机场等；文化环境资源如名人纪念馆、美术馆、图书

特色环境资源
的应用原则

城市特色资源
类型和应用策略

学习笔记

馆、体育馆、文化馆、博物馆、科技馆等。要根据所处城市情况，认真分析城市特色资源优势，因地制宜地开发城市特色资源，拓展教育内容，为婴幼儿发展提供支持。

（2）应用策略

城市托幼园所周边环境资源众多，通过对资源进行合理评估，筛选能有效利用的资源。从安全性、教育价值、便利条件、支持程度等方面，筛选安全性高、教育功能强、优质、典型的场所作为托幼园所教育备选资源。

通过筛选，建立托幼园所周边特色环境资源信息库。信息库的建立过程，是不断发展变化的过程，也是托幼园所科学配置教育资源的过程。托幼园所可根据婴幼儿年龄特点，结合托幼园所保教活动计划与安排对资源进行分类。类别一，人力资源，婴幼儿家长的职业类型丰富，他们是资源库的重要组成部分；类别二，物质资源、文化资源，包括资源类型、教育功能与价值、地点、接待规模、负责人联系方式等。如创设"小小城市展览馆"，利用图片、模型、投影技术等进行展示，让婴幼儿通过视听活动感受所在城市的年代变化，并设计用积木搭建地标建筑或者地标建筑拼图、城市迷宫等亲子游戏，让家长陪伴婴幼儿认识和了解这座城市，并爱上这座城市。这些相关材料必须倚靠社区和家庭的支持。所以有效应用周边环境资源，合理开展保教活动，能够更好地激发婴幼儿的好奇心和求知欲，促进婴幼儿全面健康地发展。

2. 农村环境资源类型和应用策略

（1）资源类型

托幼园所可应用的农村资源类型主要包括自然环境资源、民间文化资源等。农村自然环境资源得天独厚，包括田野草地、树林山坡、鱼鸟虫蝶、粮食作物、瓜果蔬菜等；民间文化资源包括剪纸、面塑、泥玩具等民间美术，民族民间小调、秧歌等民间歌舞等。托幼园所要深入挖掘农村环境资源，为婴幼儿发展提供支持（见图4-9、图4-10）。

农村环境资源类型和应用策略

图 4-9 观察大白菜的生长

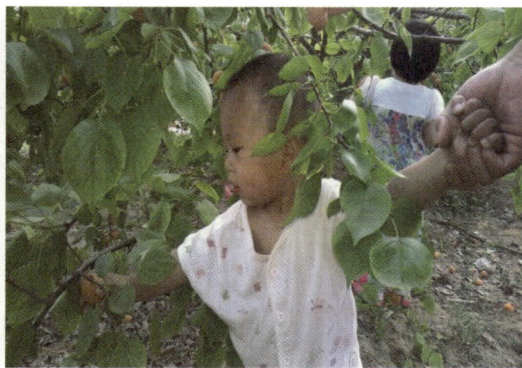

图 4-10 感受采摘的乐趣

点亮心灯

大自然充满乐趣、无比美丽，热爱自然是一种好习惯。保护环境是每个人的责任，少年儿童要在这方面发挥小主人作用。

（2）应用策略

农村托幼园所要通过挖掘特色资源，拓展婴幼儿保教资源，弥补设备、设施等资源的不足。第一要因时利用自然环境资源。农村自然环境资源时令季节性明显，结合园所活动内容需要，根据不同时节选择合适的自然环境资源，如通过参与春种、秋收等活动，让幼儿感受劳作的辛苦、丰收的喜悦，培养其热爱劳动、珍惜粮食的好习惯。第二要调动民间艺人的积极性，让他们为园所提供合适的支持与服务，让婴幼儿感受原汁原味的民间艺术，培植其热爱家乡的情感。第三要因地利用环境资源。地域不同，自然资源也不同，充分发挥各地独特自然资源的优势，为婴幼儿提供丰富的、有价值的活动材料，创设有特色的操作区、游戏区。例如，提供各种大小合适的木片、贝壳、鹅卵石、果实等材料，让婴幼儿尝试自由涂画、自由摆弄，引导婴幼儿大胆想象，调动婴幼儿的创作兴趣。

二、特色环境资源与婴幼儿发展

托幼园所选择特色环境资源，旨在促进婴幼儿的语言发展、动作发展、认知发展、社会性发展和审美发展等。

（一）特色环境资源选择的原则

1.独特性原则

首先选择本地域独有或其他地域少有的文化环境资源或物质环境资源，提炼其中有代表性的元素，进行加工优化，使其融入托幼园所室内外环境创设，成为本园所独有的标志性环境创设元素。与众不同才更有特色，才更有开发的价值，才能更凸显其教育意义。

2.协调性原则

科学合理地选用特色环境资源，保持整个托幼园所环境的协调性、一致性。选择特色环境资源时，一般要进行总体的设计与规划，有时还需要考虑与周边环境的协调性，在整体框架下再分别安排不同区域的资源配置问题。

3.持续性原则

要树立可持续发展理念。特色环境资源的选择、开发与应用，往往会耗费不少的人力和物力，不要做一次性环境创设，要考虑这些特色资源能否持续、重复应用，避免资源的浪费。

（二）特色环境资源对婴幼儿发展的影响

特色环境资源在婴幼儿的发展中扮演着重要的角色。只要善于开发，就能创设或具有科技未来感的，或充满乡土气息的，或蕴含民间文化的特色育人环境。力求让特色环境和托幼园所的活动相呼应，形成立体化信息刺激，让婴幼儿在富有特色的育人环境中受到自然熏陶并主动感受、体验。创设特色资源环境，旨在更好地满足婴幼儿的兴趣和发展需要，支持婴幼儿的游戏和学习。独特、新颖的特色环境创设材料或主题，能激发婴幼儿的好奇心和探索欲，能让其自觉地关注周围事物，产生新的期待。教师也需要积极主动引导婴幼儿关注特色环境资源，实现婴幼儿与环境的有效互动，让婴幼儿成为环境的主人，进而不断发现新的问题，解决新的问题，不断完善环境创设。例如，在一个充满田园气息的托幼园所，其自然角放置的一些蔬果，因梅雨天气，空气潮湿，大蒜发芽了，红薯长叶子了，这些自然角的秘密常常会让幼儿不由自主地去发现，去探索，去寻找答案。这些围绕教育目标创设的特色环境，在教师的引导下不仅使婴幼儿获得了有关知识，培养了婴幼儿热爱大自然、爱护环境的良好习惯，而且还增强了婴幼儿间的交往，增进了情感的交流。一个有着诸多新奇、独特事物的环境，婴幼儿是不会感到厌倦的。它会拓展婴幼儿对社会和文化的认知与理解。

我国著名的教育家陈鹤琴先生指出："怎样的环境刺激，得到怎样的印象。"合理开发与利用特色环境资源，不仅可以优化托幼园所的教学环境，提升教师的工作效率和婴幼儿的学习效率，还能通过一些主题活动的开展促进婴幼儿思维能力、合作能力、动手能力和审美能力等综合素质的提升，推进保育教育目标的达成。信息技术飞速发展，在享受科技带来的便捷生活时，托幼园所要增强婴幼儿与自然之间的联系，因地制宜地探索新时代背景下的托幼园所特色环境资源开发和应用新模式，建设更加先进、合理、人性化的教学环境。总之，托幼园所在应用特色环境资源时，要以婴幼儿的兴趣和需要为起点，挖掘特色环境资源中的教育价值，要以婴幼儿发展为根本出发点，为婴幼儿保育教育服务，为婴幼儿创造更美好的成长环境。

学习笔记

◀ 实践与运用 ▶▶

如何利用本地特色环境资源创设托幼园所环境，促进婴幼儿发展？

学习效果检测

云测试

一、单项选择题

1. 下列哪项原则不属于托幼园所特色资源的应用原则？（　　）

A. 生活性原则　　　　B. 随机性原则　　　　C. 时代性原则　　　　D. 地域性原则

2. 下列哪项内容不属于地域特色资源？（　　）

A. 乡音方言　　　　　B. 风俗习惯　　　　　C. 节日文化　　　　　D. 生产技术

二、多项选择题

1. 托幼园所地域性特色资源选择的原则有（　　）。

A. 独特性原则　　　　B. 持续性原则　　　　C. 协调性原则　　　　D. 随机性原则

2 对挖掘资源进行评估时，要考虑的要素包括（　　）。

A. 教育价值　　　　　B. 便利条件　　　　　C. 安全性　　　　　　D. 支持程度

三、简答题

1. 托幼园所特色资源应用的原则有哪些？

2. 简述城市特色资源的类型。

3. 简述农村特色资源的类型。

4. 简述特色环境资源选择的原则。

四、论述题

特色资源的挖掘与利用是教师的事，家长不需要参与，这种说法是正确的吗？你怎么认为？

学习评价与反思

托幼园所环境创设评价

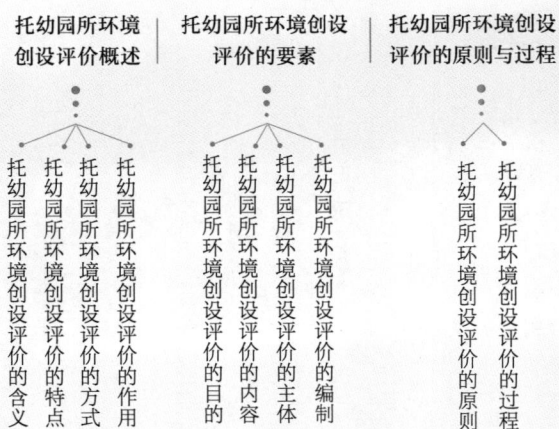

学习目标

1. 了解托幼园所环境创设评价的内涵与作用。

2. 掌握托幼园所环境创设评价的四大要素，尤其是具体评价方法。

3. 能够设计托幼园所环境创设评价量表并予以实施。

4. 养成学思结合、知行合一的实践精神和全面、辩证地看待问题的态度。

学习导航

托幼园所环境创设评价

托幼园所环境创设评价概述
- 托幼园所环境创设评价的含义
- 托幼园所环境创设评价的特点
- 托幼园所环境创设评价的方式
- 托幼园所环境创设评价的作用

托幼园所环境创设评价的要素
- 托幼园所环境创设评价的目的
- 托幼园所环境创设评价的内容
- 托幼园所环境创设评价的主体
- 托幼园所环境创设评价的编制

托幼园所环境创设评价的原则与过程
- 托幼园所环境创设评价的原则
- 托幼园所环境创设评价的过程

如果你是一位家长，目前要为自己的孩子选择一所合适的托幼园所，现在你已经参观了几所托幼园所，你选择的标准是什么？你更看重什么？

互动交流：

_____

_____

_____

_____

学习导入

在为孩子选择托幼园所时，有的家长认为精神环境比物质环境重要，有的家长认为师幼比、教师的学历和专业更重要，你认为呢？究竟如何客观全面地评价托幼园所？针对上述问题，有必要了解托幼园所环境创设评价的要素、要求、指标体系和具体的评价方法。

单元 一
托幼园所环境创设评价概述

学习任务单

姓名 _____ 班级 _____ 学习时间 _____

序号	学习任务	学习建议	完成效果		
			自我评价	同伴评价	教师评价
1	了解托幼园所环境创设评价的基本方式	通过微视频、结合案例进行学习			
2	理解托幼园所环境创设评价的功能	小组讨论，头脑风暴			
学习反思					

情境描述

　　某领导小组到某幼儿园检查工作后提出，园内一处小山坡处于荒废状态，未能充分发挥环境的教育作用。该幼儿园便利用小山坡搭建滑梯，创设"小瀑布"景观，挖掘地洞以供幼儿玩耍和探索，这里逐渐成为幼儿的乐园。

　　该幼儿园根据领导小组的评价反馈，充分利用园内现有环境特点，为幼儿开辟出乐园，真正发挥了环境创设的教育作用。

　　请思考：

　　1. 某幼儿园开展了一次班级环境创设评比活动，并对得分较高的班级进行了嘉奖，同时也为得分较低的班级提出了整改意见。本次评比活动采用了环境创设评价的哪种方式？

　　2. 上述评比活动对托幼园所环境创设起到了什么作用？

学习驿站

托幼园所环境创设评价是托幼园所环境创设的最后一环，同时也是新的环境创设的起点，对于托幼园所环境创设有着重要的指导意义。

一、托幼园所环境创设评价的含义

托幼园所环境创设评价是依据一定的标准和指标，在收集、分析资料的基础上，有目的、有计划地对托幼园所精神环境、物质环境等方面做出价值判断的过程。

二、托幼园所环境创设评价的特点

（一）以发展为目的

托幼园所环境创设评价的最终目的是促进每个婴幼儿健康全面和谐发展。通过对环境的诊断，了解环境创设的适宜性、有效性，为修正、调整和完善环境提供科学依据，从而提高教育质量，促进婴幼儿全面发展。

（二）涵盖全面

婴幼儿教育具有保教结合、以保为主的特点，尤其是针对0～3岁的婴幼儿，因此托幼园所环境创设评价首先要考虑安全问题，如各种活动区角是否设有相应的安全防护装置；其次还应对教师实施教育的过程进行评价，如教育内容是否符合婴幼儿的年龄特点，教师的言行是否恰当；最后还应对环境的教育作用进行评估。

（三）客观与真实

托幼园所环境创设评价强调评价过程的自然性，提倡在真实的教育环境中进行评价，评价的标准与指标应具有实用性、科学性、推广性等特点。

（四）正视结果

托幼园所环境创设评价结果主要用于托幼园所了解婴幼儿的发展现状和需求以及社会需求，审视环境创设，改善环境，提高婴幼儿教育质量。

三、托幼园所环境创设评价的方式

（一）诊断性评价、形成性评价与总结性评价相结合

诊断性评价是在环境创设之前进行的评价，主要是进行社会需求、婴幼儿发展特点与需要、国家政策等方面的了解，为环境创设提供依据。形成性评价是在环境创设过程中进行的评价，主要为环境

云资源

创设的改进、调整、完善提供信息，还可以用来预测教育的需要。总结性评价是在环境创设实施之后对其效果进行的评价，作用在于检验环境创设的有效性，为各级各类决策者提供信息。这三种评价发生在环境创设的不同阶段，相互渗透，相互补充。

（二）定性评价与定量评价相结合

托幼园所环境创设评价既要有客观上的评价，反映环境与标准、指标的差距，也要有人的主观印象，呈现人在环境中作用的结果。二者有机结合，使质量互补，交叉验证，如此才有可能大大增强评价的有效性和准确性。

（三）内部评价与外部评价相结合

托幼园所环境创设评价的主体既包括对照课程评价标准、根据自己在环境中的操作与实施经验对环境创设情况与效果做出分析和判断的托幼园所的教师，也包括以第三方视角、依据标准和指标对环境创设情况做出判断的专门评价小组。

（四）整体评价与局部评价相结合

托幼园所环境创设的评价既要有对托幼园所环境创设的整体评价，也要有对局部环境如室内环境、区角环境的评价。

（五）相对评价与绝对评价相结合

对托幼园所环境创设的评价，既要判断其是否达到基准所具备的特征及程度，也要意识到其是在发展变化的，将评价对象的过去与现在进行比较，以判断其发展状况和发展方向。

四、托幼园所环境创设评价的作用

党的二十大报告指出，高质量发展是全面建设社会主义现代化国家的首要任务。托幼园所环境创设的高质量发展是托幼园所发展的外在体现和主要方面，对托幼园所环境创设进行评价正是起到促进环境创设质量提升的作用。

（一）监控与总结作用

托幼园所环境创设评价帮助教师和管理人员监督控制环境创设及教育、教学过程，可全面总结预定目标的实现情况。托幼园所环境创设评价的功能之一，就是能够及时了解和掌握教育环境的现状，进一步发现和控制不利因素，发挥和利用环境中的有利因素，使托幼园所教育环境得到有效改善，并保持有利于幼儿发展的良好状态。

（二）鉴定与导向作用

托幼园所环境创设评价使教育者有意识、有目的地运用评价所提供的信息来反思环境创设及自身行为。评什么和怎么评，会对托幼园所环境创设的实践

岗课赛证

关键术语

定量评价是评价者收集被评价对象的数量性的实证信息，用数量化指标来显示评价结果的评价方式。

定性评价是评价者用语言文字作为收集、分析评价材料和呈现评价结果的主要工具的评价方式。

学习笔记

岗课赛证

教资考试考点

托幼园所环境创设评价的作用有哪些？

产生直接的导向作用。而且,《3—6岁儿童学习与发展指南》《幼儿园工作规程》等文件从不同层面和纬度对托幼园所教育环境提出了明确具体的要求。这些要求和研究成果为托幼园所教育环境创设指明了方向、提供了科学依据。所以,通过评价能够找出环境创设与上述要求和研究成果之间的差距,既对托幼园所教育环境起到反馈作用,还可以引导托幼园所教育环境创设。

(三)反思与激励作用

科学严谨、有说服力的托幼园所教育环境评价,特别是与托幼园所环境特点、教师专业化密切相关的发展性评价,能够使教师和管理者充分认识和反思环境创设中的优点与不足,引发教育环境创设内在需求与动机。可见,环境评价的反思与激励作用在于调动环境创设的内在动力,以促进托幼园所环境创设质量的提高。

◈ 实践与运用 ▶▶▶

你所在的托幼园所现要进行各班环境创设比赛,你认为采用哪几种评价方式较为合适?请给出你的理由。

学习效果检测

云测试

一、选择题

1.评价者收集被评价对象的数量性的实证信息,用数量化指标来显示评价结果的评价方式是（　　）。

A. 定性评价　　　　B. 定量评价　　　　C. 内部评价　　　　D. 外部评价

2.（　　）是在环境创设之前进行的评价,主要是进行社会需求、婴幼儿发展特点与需要、国家政策等方面的了解,为环境创设提供依据。

A. 诊断性评价　　B. 形成性评价　　C. 定性评价　　D. 定量评价

3.根据评价的主体不同,可将评价分为（　　）。

A. 定性评价与定量评价　　　　　　B. 内部评价与外部评价

C. 整体评价与局部评价　　　　　　D. 相对评价与绝对评价

4.托幼园所环境创设评价帮助教师和管理人员监督控制环境创设及教育、教学过程，可全面总结预定目标的实现情况。这说明评价具有（　　）。

A．监控与总结作用　　　　　　　　B．反馈与导向作用

C．选择作用　　　　　　　　　　　D．分析作用

5.托幼园所环境创设的最后一环是（　　）。

A．环境创设规划　　　　　　　　　B．环境创设目标

C．环境创设评价　　　　　　　　　D．环境创设内容

二、简答题

1.简述托幼园所环境创设评价的基本方式。

2.简述托幼园所环境创设评价的作用。

3.简述托幼园所环境创设评价的含义。

学习评价与反思

单元 二
托幼园所环境创设评价的要素

学习任务单

姓名 _____   班级 _____   学习时间 _____

序号	学习任务	学习建议	完成效果		
			自我评价	同伴评价	教师评价
1	掌握托幼园所环境创设评价的目的	前往实践基地实地考察并进行总结			
2	掌握托幼园所环境创设评价的内容	以思维导图形式进行总结			
3	根据评价标准与指标，结合托幼园所实际情况，以小组为单位设计一份托幼园所盥洗室环境创设评价表	可先到托幼园所进行观摩，借鉴已有评价标准，小组合作完成任务			
4	在实践基地尝试运用编制好的评价表	分析运用中出现的问题，并进一步完善			
学习反思					

情境描述

　　某托育机构分别为不同年龄段的婴幼儿设置了语言区：0～1岁婴幼儿语言区放置了黑白图画书、布书、洗澡书；1～2岁幼儿语言区除放置图书的图书篮外还设置了书架；2～3岁幼儿语言区增设了绘画区。

　　该托育机构语言区的环境创设考虑了婴幼儿的年龄特点及语言发展需要，获得了管理人员、家长的一致好评。

请思考：

1.某托幼园所拟举行一次环境创设比赛，可以邀请哪些人员做评委？

2.该托幼园所可以从哪些方面设置评价标准？

学习驿站

一、托幼园所环境创设评价的目的

《幼儿园工作规程》指出，幼儿园应创设与教育相适应的良好环境，为幼儿提供活动和表现能力的机会与条件。因此，托幼园所环境创设评价的目的就是为幼儿创设良好的环境，让幼儿积极、健康地成长。明确评价的目的，即为什么评价，是开展评价工作的首要任务。

（一）有助于完善原有环境创设

党的二十大报告提出了"六个必须坚持"，其中有"必须坚持问题导向"。托幼园所环境创设评价具有诊断功能，能帮助教师及时发现原有环境创设的不足或者问题，找出其中的原因，为调整、改进和完善原有环境创设提供依据。

（二）有助于发展新的创设理念

党的二十大报告指出："继续推进实践基础上的理论创新。"通过托幼园所环境创设评价，评价者在不断反思原有环境创设问题的基础上，自身的专业水平得到提高，也会对环境创设产生新的认识，开发出新的思路，有助于形成新的环境创设理念，进而指导环境创设实践。

（三）有助于环境创设的管理

管理环境创设包括选择、推广环境创设理念或方式和对托幼园所环境创设质量进行鉴定。托幼园所环境创设评价具有鉴别功能。选择、推广一种环境创

点亮心灯

"六个必须坚持"：
必须坚持人民至上。
必须坚持自信自立。
必须坚持守正创新。
必须坚持问题导向。
必须坚持系统观念。
必须坚持胸怀天下。

学习笔记

学习笔记

设理念或方式，通过对环境创设理念或方式进行理论分析，或者对其实际效果进行评定，对环境创设理念或方式的性质、特点和适用范围等做出价值判断，确定该理念或方式是否可以采用，是否值得推广，以及推广中应该注意什么等。无论是国内流行的环境创设理念或方式还是国外引进的环境创设理念或方式，都需要对其进行鉴别，然后决定取舍。

二、托幼园所环境创设评价的内容

托幼园所环境创设评价的内容

托幼园所环境创设评价的内容，主要集中于物理环境的评价、精神环境的评价、合作共育环境的评价三个方面。

（一）物理环境的评价

物理环境的评价主要包括户外环境和室内环境的评价。户外环境包含托幼园所外观总体环境和户外活动环境；室内环境包含托幼园所大厅环境、走廊环境、活动室环境、公共活动区环境、区角环境等。评价具体表现在环境是否适宜、便利；活动室的功能、种类、面积等是否符合标准要求，是否符合婴幼儿身心特点，是否为婴幼儿提供引发其发展的设备；材料种类是否丰富、齐全，是否便于互动，投放是否有层次；等等。（见图 5-1、图 5-2）

图 5-1　大厅环境　　　　　　　图 5-2　室内环境

拓展阅读

《上海市 3 岁以下幼儿托育机构设置标准（试行）》非常详细且清晰地表述了托育机构的物理环境条件及要求，涉及举办规模、选址原则、建设项目、设计规划、主出入口、场地要求、建筑面积、活动用房、供餐用房、服务用房等方面，可为托育机构的物理环境评价提供翔实的依据。

（二）精神环境的评价

托幼园所精神环境评价主要是指对师幼互动和同伴交往的心理环境的评价。评价主要集中于教师和婴幼儿之间的互动是否充足；教师是否支持婴幼儿的活动，尊重婴幼儿的发展；婴幼儿之间是否能够友好相处；婴幼儿是否感到安全、舒适、温馨；等等。（见图5-3、图5-4）

图 5-3　师幼互动

图 5-4　同伴交往

（三）合作共育环境的评价

合作共育环境的评价主要指对托幼园所所处社区、周边环境和婴幼儿家庭环境，以及托幼园所与社区、家庭合作共育的状况进行的评价。主要包括社区环境是否安全，是否适合婴幼儿活动；托幼园所是否充分利用了社区的各种资源；托幼园所是否为社区提供了相应的服务；家长是否以身作则，做婴幼儿的榜样；家长是否与托幼园所真诚、平等合作；托幼园所、社区、家庭之间是否相互联系、相互配合、相互促进，在婴幼儿教育上保持一致，发挥教育的整体效应。

三、托幼园所环境创设评价的主体

《幼儿园教育指导纲要（试行）》指出："管理人员、教师、幼儿及其家长均是幼儿园教育评价工作的参与者。评价过程是各方共同参与、相互支持与合作的过程。""幼儿园教育工作评价实行以教师自评为主，园长以及有关管理人员、其他教师和家长等参与评价的制度。"

托幼园所管理者评价的目的是了解本托幼园所的环境创设情况，整体把握本托幼园所环境创设的质量，并为托幼园所环境创设提出要求和建议，进一步改善环境创设情况。

学习笔记

教师评价的目的是了解婴幼儿的发展水平，发现现有环境创设的优点和不足，改进环境创设，促进婴幼儿发展。对于教师来说，评价的过程不仅仅是运用教育学、心理学、卫生学、环境创设等专业知识审视环境创设，发现、分析、研究和解决环境创设问题的过程，同时也是教师专业化成长的过程。

婴幼儿作为托幼园所环境创设评价中最重要的评价"对象"，他们的发展是环境创设最终的目的所在。婴幼儿通过自己的行为反应和发展变化来形成对托幼园所环境创设的看法。

家长既可以参与托幼园所环境创设，也可以积极参与教育环境评价。家长可以以集体或个人的名义，对托幼园所教育环境创设及互动过程进行客观的评价，也可以将家庭环境创设的经验融入托幼园所教育环境创设，对托幼园所的环境创设提出积极的、合理化的建议。（见表5–1、表5–2）

表 5-1　幼儿园环境创设评价表

幼儿园：_____　　　评价者：_____　　　评价日期：_____

评价项目	评价内容	评价方法	评价等级				
			好	较好	一般	较差	差
园舍外观造型	合理、合适，美观、有创意	现场观摩					
	舒适宜人，富有童趣						
	便利，适合活动开展						
整体空间布局	自由、开放，便于幼儿活动	现场观摩、查阅资料、座谈了解					
	能提供让幼儿欣赏的艺术素材						
	有供幼儿创作的空间，能对幼儿作品进行展示						
材料投放	多种多样、功能齐全，满足幼儿的活动需求	现场观摩、查阅资料、座谈了解					
	安全、卫生、易操作						
	符合幼儿年龄特点，能随时调整与补充						

表 5-2　×××幼儿园班级室内环境创设自评表

班级：_____　　　教师：_____

评价项目		评价内容	评价等级				
			好	较好	一般	较差	差
班级室内环境	主题墙设计	以宣传班级教育教学活动和家园互动为主要内容，有艺术性					
		注重幼儿的参与性，体现幼儿参与班级环境创设的过程					
		美观、大方，富有童趣					
	区角及玩教具投放	场地分布合理，大小适中，动静分离，间隔固定					
		区角设计数量合理，满足幼儿需要					
		区域规则明确					
		玩教具变更及时					
		玩教具数量、种类符合幼儿年龄特点及需要					
		玩教具安全无害，便于幼儿取放					
		玩教具可操作性强，有利于提高幼儿的创造性					
	教室布局及家具	自由、开放，便于幼儿活动					
		家具布置富有童趣					
		整体环境温馨、美观					
	师幼互动	对待幼儿有耐心、爱心，让幼儿感到安全、舒适、温馨					
		尊重幼儿，能照顾到个别差异					
		能正确引导幼儿解决问题					
	幼儿参与	活动参与性高					
		同伴相处友好，具有一定交往技能					

四、托幼园所环境创设评价的编制

托幼园所环境创设评价的标准与指标是实施评价的重要工具。下文从评价指标编制依据、评价指标编制要求、评价标准设定要求、具体的评价标准示例四方面展开论述。

（一）评价指标编制依据

1. 相关法规与政策

相关法规与政策是托幼园所环境创设的重要参考，也是编制托幼园所环境创设评价指标的指挥棒和重要依据。《幼儿园教育指导纲要（试行）》《幼儿园工作规程》《幼儿园建设标准》《托儿所、幼儿园建筑设计规范》《幼儿园保育教育质量评估指南》等文件，都在一定程度上对托幼园所选址、建筑、物理环境、精神环境创设提出了要求，具体明确了环境创设的方法与途径。

拓展阅读

幼儿园保育教育质量评估指南（选摘）

二、评估内容

（四）环境创设。包括空间设施、玩具材料等2项关键指标，旨在促进幼儿园积极创设丰富适宜、富有童趣、有利于支持幼儿学习探索的教育环境，配备数量充足、种类多样的玩教具和图画书，有效支持保育教育工作科学实施。

三、评估方式

（一）注重过程评估。重点关注保育教育过程质量，关注幼儿园提升保教水平的努力程度和改进过程，严禁用直接测查幼儿能力和发展水平的方式评估幼儿园保育教育质量。

（二）强化自我评估。幼儿园应建立常态化的自我评估机制，促进教职工主动参与，通过集体诊断，反思自身教育行为，提出改进措施。同时，有效发挥外部评估的导向、激励作用，有针对性地引导幼儿园不断完善自我评估，改进保育教育工作。

（三）聚焦班级观察。通过不少于半日的连续自然观察，了解教师与幼儿互动情况，准确判断教师对促进幼儿学习与发展所做的努力与支持，全面、客观、真实地了解幼儿园保育教育过程和质量。外部评估的班级观察采取随机抽取的方式，覆盖面不少于各年龄班级总数的三分之一。

附件

幼儿园保育教育质量评估指标

重点内容	关键指标	考察要点
A4. 环境创设	B10. 空间设施	36. 幼儿园规模与班额符合国家和地方相关规定,合理规划并灵活调整室内外空间布局,最大限度地满足幼儿游戏活动的需要。除综合活动室外,不追求设置专门的功能室,避免奢华浪费和形式主义。 37. 各类设施设备安全、环保,符合幼儿的年龄特点,方便幼儿使用和取放,满足幼儿逐步增长的独立活动需要。提供必要的遮阳遮雨设施设备,确保特殊天气条件下幼儿必要的户外活动能正常开展。
	B11. 玩具材料	38. 玩具材料种类丰富,数量充足,以低结构材料为主,能够保证多名幼儿同时游戏的需要。尽可能减少幼儿使用电子设备。 39. 幼儿园配备的图画书应符合幼儿年龄特点和认知水平,注重体现中华优秀传统文化和现代生活特色,富有教育意义。人均数量不少于 10 册,每班复本量不超过 5 册,并根据需要及时调整更新。幼儿园不得使用幼儿教材和境外课程,防止存在意识形态和宗教等渗透的图画书进入幼儿园。

2. 环境创设目的

托幼园所环境是影响婴幼儿发展的重要因素。托幼园所环境创设应当支持婴幼儿的主动建构,为婴幼儿提供富有挑战性的学习情境,促进婴幼儿协商、交流学习能力的发展[①];应当精心规划婴幼儿的学习和生活环境,注重精神环境的创设,注重各层次环境之间的互动[②]。托幼园所环境创设应当符合婴幼儿的心理特点和行为模式,充分尊重和理解婴幼儿的情感,在空间距离和私密性间寻求和谐,注重色彩在心理环境中的运用。[③] 只有明确了环境创设目的,才能确定评价的内容。(见表 5-3)

---

① 章进.学习的回归——建构主义视域下的幼儿园活动区环境创设研究[D].重庆:西南大学,2012.
② 杨伟鹏,霍力岩.生态学视野下的幼儿园环境创设——对三种课程模式环境创设的比较及借鉴[J].幼儿教育(教育科学),2013(4).
③ 付红珍.环境心理学在幼儿园环境创设中的应用[J].长春教育学院学报,2013(3).

学习笔记

学习笔记

表5-3　幼儿园环境创设评价内容

评价对象		评价内容
幼儿园环境	室外物理环境	园舍外观造型　是否适宜、便利
		户外活动环境　户外活动场地的材质、功能、种类、区隔、面积等指标
		户外设备和器具及材料的安置，主要包括器械材料种类、呈现形式、教育作用等指标
	室内教育环境	大厅环境　烘托的氛围、设置的区域
		走廊环境　走廊墙壁环境布置、地面环境布置、空中环境布置、角落环境布置
		班级环境　展示幼儿生活的墙面环境、引发幼儿主动学习行为的区角环境、幼儿生活学习必需的家具设备，以及为幼儿提供各种感官刺激和操作机会的玩教具
		师幼互动、同伴交往

3. 专业素养

托幼园所环境创设评价指标的编制要在一定的专业素养基础上进行。编制者要具备早期教育、学前教育、心理学、卫生学、艺术等的相关知识与技能，如此才能编制出科学、合理、可推广的评价指标。

（二）评价指标编制要求

1. 指标内容涵盖全面

根据托幼园所环境创设的评价目标和评价内容，评价指标的设计应全面，能够充分地体现出评价对象的特点。同时，评价指标的设计应层次分明，具有一定的顺序性，确保能够涵盖评价对象的全部属性。例如，表5-4户外活动环境评价指标就涉及3级指标8项具体指标，涵盖全面。

表5-4　户外活动环境评价指标[1]

一级指标	二级指标	三级指标
户外活动环境	户外活动场地区域	材料多种多样
		功能齐全，能满足幼儿各种活动需求
		种类丰富多样
		区域间区隔明显
		面积大小适宜幼儿玩耍

---

[1]　赵玉文.幼儿园环境创设［M］.上海：上海交通大学出版社，2018：144.

续表

一级指标	二级指标	三级指标
户外活动环境	户外设备和器械及材料的安置	器械材料丰富多样，能够满足幼儿不同训练要求
		器械呈现形式合适，能够有助于幼儿合作玩耍
		教育作用齐全，能满足幼儿身体各个部位的练习

2. 指标之间相互独立

指标层级的划分应依据一定的标准，同一层级相对独立，指标层级、具体指标之间要保持相互独立，避免出现交叉、重叠的情况，否则会给评价工作带来困难，同时可能造成评价结果失真。例如，表5–5主题墙环境创设评价指标的项目之间相互独立，各具体指标清晰、明确、无交叉。

表5-5 主题墙环境创设评价指标

项目	评价指标
主题墙与主题项目结合度	有明确的教育目标和教育理念
	能够引发、支持和引导幼儿获得新的知识经验
	墙面设计主题明确，脉络清晰，层次清楚
幼儿在主题墙面创设中的主体地位	幼儿积极参与主题墙创设，为幼儿的创作提供展示的平台
	能够有效整合健康、语言、社会、科学、艺术五大领域的内容和游戏活动、家园共育、区域活动
主题墙各板块的布局设置	以醒目的形式标出一级主题的名称，可以适当增添二级主题名称
	幼儿用图画表达自己的想法时，教师可以配上文字说明，让大家明白幼儿的想法
	墙面布置注重美感、趣味性

3. 指标可操作性强

评价指标是评价者进行评价的重要依据。评价指标应具体、明确、严谨，有较强的可操作性，符合托幼园所的实际情况，可使评价者通过现场观摩、查阅资料、座谈了解等形式进行测评，并易于量化。表5–6为大厅、走廊环境创设评价指标。

表5-6 大厅、走廊环境创设评价指标

一级指标	二级指标	评价标准		
		良好（5分）	一般（3分）	较差（1分）
大厅环境	大厅整体布置温馨、舒适，能够引起婴幼儿和家长的兴趣			

学习笔记

续表

一级指标	二级指标	评价标准		
		良好（5分）	一般（3分）	较差（1分）
大厅环境	大厅布置富有童趣，符合婴幼儿年龄特点			
	大厅设置的区域齐全，能够满足婴幼儿玩耍和家长问询、参观等多重需求			
走廊环境	走廊墙壁环境设置富有童趣，能够展示婴幼儿的生活、活动、作品			
	呈现文艺作品，供婴幼儿欣赏			
	地面环境布置便利，方便婴幼儿换衣服，换鞋等			
	空中环境的布置简单、大方			
	角落环境适宜，能够跟随主题进行相应的变换			
	整体布置干净、整洁，无危险物品			

（三）评价标准设定要求

评价指标是对托幼园所环境创设评价内容的具体解析，评价标准则是对评价指标的量化。最终的量化结果可直观呈现，可作为完善已有环境创设的重要依据。一般情况下，评价标准可设为良好、一般、较差三个级别或好、较好、一般、较差、差五个级别，也可根据实际情况增设级别，同时为每个级别赋分。评价者可根据实际情况给定等级，计算相应的分值，然后根据最终得分确定被评价者的等级。

（四）具体的评价标准示例

表 5-7　×××幼儿园环境创设评价表[①]

评分项目	内容	分值
户外环境（30分）	1. 幼儿园独立设置在安全区域内，房舍安全坚固，建筑设计符合幼儿年龄特点，幼儿园外墙有固定底色，无噪声、无污染。	6分
	2. 幼儿园有园徽、办园宗旨（目标）、宣传栏，能体现办园特色和文化内涵，具有教育性和艺术性。	6分
	3. 根据园舍情况进行绿化、美化；种植花草树木 10 种以上，立体种植，错落有致；草本与木本结合，三季有花，四季常青。	5分

---

① 沈建洲.幼儿园教育环境创设［M］.上海：复旦大学出版社，2014：133–135.

续表

评分项目	内容	分值
户外环境 （30分）	4. 有充足的幼儿活动场地，地面平整；人均面积不少于4平方米，有30米跑道，有适用的幼儿沙坑、种植园地、动物饲养角；各种用具齐全，定期活动且有记录。	6分
	5. 室外大型活动器械3件以上；提倡利用各种废旧物品和乡土材料（自然、无毒、无害材料），根据幼儿年龄特点，为幼儿制作钻、爬、攀登、平衡、翻滚等大、中、小型活动器械；种类丰富、数量充足，能满足幼儿使用；所有活动器械保持安全、卫生、整洁，每天有专人检查，并有记录。	7分
室内环境 （40分）	1. 活动室、寝室空气流通，光线充足，地面、门窗整洁无灰尘；有紫外线消毒灯、消毒柜；各类玩具、用品按时消毒，方法明确，且有记录；防暑降温设施齐全。	4分
	2. 有适合幼儿特点的桌、椅、床等设备；开放式玩具橱、图书架，适合幼儿的玩具3种以上；适合幼儿阅读的不同种类的图书人均5册以上，种类多，并不断更新。	4分
	3. 有符合幼儿年龄特点的各种游戏玩具人均3件（套），配有风琴或钢琴、收录机、电视机等教学设备，每班有自制玩教具不少于10种，每种不少于班级人数的一半，有教师、幼儿的手工作品。	3分
	4. 楼内（走廊、门厅、楼梯）每层根据幼儿年龄特点设一个主题，新颖、美观，利用师幼作品来布置，可多用蓝绿色；每班门口设家园联系栏（育儿经验、卫生保健、请您配合、月重点、周安排等内容）。	4分
	5. 根据幼儿年龄特点、不同季节特征和幼儿园课程进展情况布置活动室墙饰（自由墙、主题墙等）、吊饰（幼儿作品），同时在墙饰的设计、布置、更换等环节上都能让幼儿参与进来，墙饰整体效果好。	3分
	6. 利用活动室空间设置不少于3种活动区域；根据幼儿年龄特点，投放丰富的供幼儿操作不少于10种的自然材料、半成品材料；提倡废物利用，幼儿可根据能力和意愿，自主地选择内容。	3分
	7. 各班有幼儿作品栏，设有幼儿作品收集袋，高度适合幼儿视线，布置新颖、美观，幼儿作品及时更换。	4分
	8. 盥洗室地面防滑，水龙头高度适合幼儿，一人一巾一杯（且有标志），并便于幼儿取放；厕所清洁，随时冲刷，无气味，深度、高度适合幼儿，有幼儿自由取放手纸的设施。	3分

学习笔记

评分项目	内容	分值
室内环境（40分）	9. 厨房、更衣室、洗刷室、储藏室等卫生整洁，各种炊事用具齐全，生熟分开，标志明确，有防鼠板和防蝇设施；炊事人员工作衣帽整洁美观，每学期有查体记录，有健康证。就餐园配有餐桌，教师为幼儿配餐时应佩戴围裙、卫生帽。幼儿就餐时间要充足，有良好的就餐习惯。	3分
	10. 保健室常用药品、设备齐全；保健员工作衣帽整洁美观，指导班级日常保健性工作、预防工作、幼儿膳食营养工作有效果记录。	3分
	11. 多功能活动室装饰美观、功能多样化，使用率高，且有记录。	3分
	12. 园长室、会议室、教师办公室等各类配套用房整洁卫生、各种制度要上墙，各种档案齐全。	3分
精神环境（30分）	1. 热爱教育事业，严格执行职业道德规范，言行文明，仪表端庄，教师、保育员上班服饰要适合各年龄班幼儿。	4分
	2. 园内工作人员人际关系和谐，教师工作积极性高，富有主动性和创造性，整体体现团结向上、认真务实的工作作风和工作氛围。	4分
	3. 教师对每个幼儿讲话要以尊重、温和的口吻，微笑面对所有幼儿及家长，要多给幼儿鼓励、赞美的语言及眼神，鼓励每个幼儿的创造和发现，无体罚、恐吓幼儿现象，重视对幼儿的心理教育和保护。	4分
	4. 教师认真采纳家长对幼儿园的合理化建议和意见，尊重每位家长的意愿，并积极采取多种形式帮助家长掌握科学育儿的知识和方法。	5分
	5. 教师要明确幼儿园的性质和双重任务，坚持教养并重，保教结合。充分尊重每一位幼儿，面向全体幼儿，因材施教，注重个体差异，使幼儿德、智、体、美全面和谐发展。	4分
	6. 幼儿性格活泼开朗，能主动愉快地参加幼儿园各项活动，能与同伴友好相处；对周围事物有广泛的兴趣，思维灵活、敏捷、准确。	3分
	7. 尊敬师长，懂礼貌，能正确使用礼貌用语，幼儿有良好的生活卫生习惯。能用普通话清楚地表达自己的意思，会用较连贯的语言与成人、同伴交流。	3分
	8. 观看幼儿广播操表演，幼儿动作准确、规范、优美。	3分

表 5-8 ×××幼儿园环境创设评比记录表 [①]

评分项目	内容	分值
区角设置（40分）	1. 区角设置符合幼儿年龄特点，场地分布合理美观，大小适中，动静分开，室内外兼容。	8分
	2. 区角操作材料丰富并经常更换，符合区角内容，数量足够本班幼儿使用。	6分
	3. 操作材料：科学卫生、安全耐用、美观，有学习价值，有组合性质，一物多用，能引起幼儿操作探究兴趣，并具有创新精神或本地特色。	10分
	4. 区角标志美观、儿童化、适用、灵活，易于幼儿理解。	6分
	5. 建立区角活动常规，幼儿能够掌握活动常规，喜欢参加区角活动。	10分
环境布置（40分）	1. 环境布局合理，布置方法科学，墙饰图案美观形象，具有创新精神或本地特色，有利于幼儿发展。	8分
	2. 室内环境儿童化、美化、净化，符合幼儿年龄特点，家长放心。	6分
	3. 环境布置能让幼儿主动参与，引起幼儿学习兴趣和探究欲望，幼儿喜欢所处环境，心情愉快。	10分
	4. 环境布置与教育目标相适应，具有教育功能，对教学有辅助作用，幼儿能讲出环境布置的内容及名称。	10分
	5. 家园联系栏设计美观、合理，内容丰富、全面，有利于家园合作，对家庭教育有辅助作用。	6分
衣帽间、盥洗室环境(20分)	1. 班级各类物品摆放整齐有序，整洁干净，统一归类。	6分
	2. 整体环境符合各班级幼儿年龄特点。	6分
	3. 班级卫生环境好，布置新颖，体现教师细心、用心、独特的匠心。	8分

表 5-9 聊城市 ×××托幼园所环境创设评估表

评分项目	内容	得分		
		2	1	0
活动区域（24分）	1. 整个区域光线充足，空气流通，无空气污染。			
	2. 周围环境安静、无噪声。			
	3. 各种设施、材料有定期清洗、消毒制度，各项记录齐全。			
	4. 各种设施、材料无尖锐棱角，无触碰、刺、刮伤的安全隐患。			

① 幼儿园环境创设评比记录表. [2023-12-18].http://www.doczj.com/doc/1410113111.html.

学习笔记

学习笔记

评分项目	内容	得分		
		2	1	0
活动区域 （24分）	5.各种设施、材料符合婴幼儿的年龄特点，色彩鲜艳，富有童趣，具有艺术性。			
	6.活动材料齐全，其数量能满足各类型游戏的需要。			
	7.活动材料具有可操作性及较强的变通性。			
	8.有明晰的材料操作示意图及区域活动规则示意图，便于婴幼儿独立模仿与学习。			
	9.材料分类摆放，使婴幼儿能独立取放和使用，培养婴幼儿良好的行为习惯。			
	10.各区角用明显的形象物分隔，分隔物牢固无危险，高度恰当（应低于多数婴幼儿的水平视线），便于移动与转换。			
	11.各区角的活动空间大小划分适当。			
	12.各区角材料能体现主题活动内容。			
墙饰、公共区域 （18分）	1.墙饰的高度适当，装饰物体粘贴悬挂牢固，无婴幼儿意外伤害隐患。			
	2.墙饰能围绕教育主题，并充分体现与近期教育目标等因素的结合。			
	3.辟有展示婴幼儿作品和优秀作品的栏目，并能以独特的构思，将婴幼儿作品进行组合。			
	4.师生共同参与，婴幼儿有直接动手设计、布置的机会。			
	5.有天气、季节、生长等自然现象的图像记录。			
	6.充分利用废旧材料，有利于养成勤俭节约的好习惯（废旧材料占30%以上）。			
	7.有反映每个婴幼儿成长的记录材料（幼儿成长档案）。			
	8.走廊拐角处、绿化带、扶手、楼梯、树木等装饰要形象、自然、富有教育意义。			
	9.有家教园地，美观，新颖，内容丰富，家长参与度高。			
生活区域 （30分）	1.室内光线符合婴幼儿睡眠标准，配有窗帘，避免光线直射，便于婴幼儿入睡。			
	2.室内音响的音量以不影响婴幼儿入睡为宜。			

续表

评分项目	内容	得分		
		2	1	0
生活区域（30分）	3.室内整体色彩（墙饰、窗帘、床、被、家具等）淡雅和谐，尽量降低婴幼儿的兴奋度。			
	4.有良好的通风换气条件，室内空气始终保持清新、无异味。			
	5.各类生活用品（茶杯、毛巾、被褥等）定期消毒，制度严明，措施到位。			
	6.各类生活用品的识别标记简洁明了，以便于婴幼儿正确辨识。			
	7.各类生活用品的数量与婴幼儿人数相符。			
	8.各类物品设置能充分利用空间（毛巾架、茶杯柜、清洁柜以壁挂的方式陈列），提高室内的空间利用率。			
	9.各类墙饰的内容，对婴幼儿良好生活习惯形成具有导向作用。			
	10.各类设施的体量（高度、长度、大小）应符合婴幼儿体量要求，适宜婴幼儿使用。			
	11.地面有防滑性能，保持干燥，避免运动创伤。			
	12.室内设施齐全，且布局合理，为婴幼儿生活自理提供便利。			
	13.生活区应有基本的防热、御寒设施，以满足不同天气条件下婴幼儿正常生活需要。			
	14.各类设施整洁有序，促使婴幼儿养成良好的生活卫生习惯。			
	15.各类清洁用品入柜，或在远离婴幼儿活动的范围内放置，以避免对婴幼儿产生伤害。			
户外区域（18分）	1.设有适合不同年龄段的晨间活动器材及户外活动大型玩具，发展婴幼儿走、跑、跳、钻、爬、掷等基本能力。			
	2.户外各类设施与婴幼儿体量相适应，设施与器械牢固程度高，无刺伤婴幼儿的异物，安全有保证。			
	3.大型玩具旁留出适当的安全间隔，易于活动转换。			
	4.玩耍、嬉戏的材料多样，符合卫生要求，满足婴幼儿多方面活动的兴趣。			
	5.有音响设备装置。			
	6.辟有四季可供幼儿观察和认识的植物角。			

学习笔记

学习笔记

续表

评分项目	内容	得分		
		2	1	0
户外区域 （18分）	7. 各种设施及材料整洁卫生，无杂物。			
	8. 各区域内有反映区域活动特点及行为要求的标识图示。			
	9. 各区域大块空地、绿化带等布局合理，比例适宜，体现整体优化。			
说明：1. 本评估操作方案共 45 条，每条 2 分，共 90 分。2. 本评估操作方案设整体印象分 10 分。		印象 得分		

学习效果检测

一、单项选择题

1. 下列不属于托幼园所环境创设评价目的的是（　　）。

A. 完善原有环境创设　　　　　　　　B. 发展新的创设理念

C. 有助于环境创设的管理　　　　　　D. 有助于对教师的管理

2. 下列不属于托幼园所环境创设评价主体的是（　　）。

A. 幼儿　　　　　B. 家长　　　　　C. 教师　　　　　D. 网络人员

3. 托幼园所的活动室、户外活动场地、各种设备和活动材料、空间结构与环境布置等属于托幼园所环境中的（　　）。

A. 教育环境　　　B. 物质环境　　　C. 精神环境　　　D. 活动环境

4. 教师的教育理念、教育行风、人际关系和情感氛围属于托幼园所环境中的（　　）。

A. 广义环境　　　B. 物质环境　　　C. 精神环境　　　D. 教育环境

5. 根据构成内容的性质差异，托幼园所环境创设评价可分为（　　）。

A. 物质环境评价和精神环境评价

B. 保育环境评价和教育环境评价

C. 生存环境评价、安全环境评价、活动环境评价和交往环境评价

D. 物质环境评价、精神环境评价和合作共育环境评价

二、简答题

1. 简述托幼园所环境创设评价指标的编制依据。

2. 简述托幼园所环境创设评价指标的编制要求。

3. 简述托幼园所环境创设评价的内容和主体。

云测试

学习评价与反思

单元 三
托幼园所环境创设评价的原则与过程

学习任务单

姓名_____ 班级_____ 学习时间_____

序号	学习任务	学习建议	完成效果		
			自我评价	同伴评价	教师评价
1	理解托幼园所环境创设评价的原则，能够在评价过程中遵守原则	结合托幼园所环境评价的案例进行分析			
2	根据课上制定的盥洗室评价标准，以小组为单位，尝试在托幼园所进行盥洗室环境创设评价	以小组为单位到托幼园所进行实地观摩；根据评价标准进行赋分评价；回校后进行分析并提出改进建议			
学习反思					

情境描述

　　某托幼园所举行环境创设评比活动，不同年龄段的班级教师之间却起了分歧，有的教师认为应该完全按照标准来评分，有的教师则认为应该结合不同的年龄段进行评判……

　　该托幼园所在环境评价中存在的问题是没有做好准备工作，即没有因为评价的对象不同而制定不同的评价标准。在进行评价前，一定要做好准备工作。

请思考：

1.某幼儿园邀请市学前教育教研室人员、教师、家长一起对幼儿园的物理环境和精神环境进行了观摩评价。该幼儿园的做法遵循了哪些评价原则？

......

......

......

2.如果让你组织一次托幼园所环境创设评比活动，你认为应注意哪些方面？

......

......

......

学习驿站

岗课赛证

教资考试考点
进行托幼园所环境创设评价应遵循哪些原则？

一、托幼园所环境创设评价的原则

（一）科学性原则

托幼园所环境创设评价要严格按照环境创设评价的过程要求，依据评价的原则进行。首先应明确环境创设评价的目的，确定评价的内容，确立评价的标准和指标；然后科学地收集资料，进行整理、分析和评价。

（二）全面性原则

托幼园所环境创设评价涉及多个方面。评价内容方面包括物质环境、精神环境以及合作共育环境等；评价方法包括现场观摩、查阅资料、座谈了解等；评价主体包括管理者、教师、婴幼儿及其家长等。在进行环境创设评价时应保证评价的全面性，如此才能真正达到评价的目的，才能在改善托幼园所环境、促进婴幼儿发展、提升教师专业素养等方面发挥作用。

（三）可行性原则

托幼园所环境创设评价应切实可行，具有实践性和可操作性。评价的环节设置应合理有效，评价指标与标准应简便易测，在符合国家规定的统一要求和标准的基础上，符合托幼园所的实际情况，并为评价投入相关的人力、物力，保障评价适宜、有效。

学习笔记

学习笔记

（四）发展性原则

托幼园所环境创设评价的最终目的是促进发展，包括促进托幼园所环境创设的改善与发展，促进婴幼儿的健康发展，促进教师的专业发展等。因此，托幼园所环境创设必须明确发展的目的，合理地使用各种评价手段，不断提升托幼园所的质量。

（五）主体性原则

托幼园所环境创设评价应充分发挥托幼园所的主体作用，创设托幼园所自主发展的空间，调动托幼园所的积极性、主动性和创造性，构建自我评价机制，增强自我反思、自我发展和自我完善的能力。同时，评价还应注意发挥教师的主体作用，让教师运用专业知识审视环境创设的实践，发现、分析、研究和解决问题，从而不断提高教师自身的专业能力与教学水平。[①]

二、托幼园所环境创设评价的过程

托幼园所环境创设评价工作可分为三个阶段：准备阶段、实施阶段和总结阶段。

（一）准备阶段

1.明确环境创设评价的目的

环境创设评价的目的是在对评价的指导思想、被评价对象的特征和开展评价的主客观条件等进行深入细致分析的基础上提出的。评价目的直接影响环境创设评价方案的设计，是整个评价过程的指南。每一项具体的环境创设评价指标均可能有不同的目的，环境创设评价方案应对评价目的加以清晰的阐述，使环境创设的设计者在思想上更加明确，同时也为环境创设的评价者提供明确的方向和准绳。

2.确定环境创设评价的对象

确定评价的对象，也是设计评价方案的前期工作中的重要内容。不同的课程评价目的使课程评价所指向的范围即评价的对象有所不同，而评价的对象不同，随后制定的评价标准、选用的评价方法也会发生变化。因此，环境创设评价方案还要环境创设评价者根据评价目的，明确环境创设评价指向的对象，即确定环境创设评价的焦点是物理环境、精神环境还是合作共育环境。

3.确立环境创设评价的指标与标准

环境创设评价方案中最关键的工作就是评价指标和标准的制定。评价指标与标准是评价方案的核心部分，它们规定环境创设评价如何评，如何确定等级

---

① 阮素莲.幼儿园课程概论［M］.北京：高等教育出版社，2014：110.

和分数，从而保证得到科学的评价结果。

4. 选择合适的评价方法

环境创设评价还要选择合适的方法，并正确地理解方法，考虑实际情况和方法之间的关系，把握尺度，按照方法的要求准备材料，尽可能做到相适应。

（二）实施阶段

1. 收集评价信息

收集评价信息是评价实施的基础阶段。评价结果的可靠性和有效性首先取决于评价信息收集的情况。因此，评价者要依据环境创设评价的对象和相关问题，确定哪些信息是必需的，以进行全面的收集。

2. 整理分析评价信息

评价者要对收集的信息进行整理，要运用适当的方法对其进行分析，并得出相应的结论。评价数据的整理与分析既可作为一次环境创设评价的依据，也可进行纵向或横向的对比分析。例如，某幼儿园通过对3～7岁儿童走平衡木与走绳之间的发展差异进行分析，得出平衡材料的选择和投放要依据儿童年龄特点的结论。

表5-10 3～7岁儿童走平衡木与走绳之间的发展差异

单位：秒

年龄	3～4岁		4～5岁		5～6岁		6～7岁	
性别	男	女	男	女	男	女	男	女
走平衡木	22.95	24.49	17.65	18.10	14.18	18.66	10.50	8.84
走绳	8.75	8.11	6.30	7.64	7.15	7.44	5.75	6.92

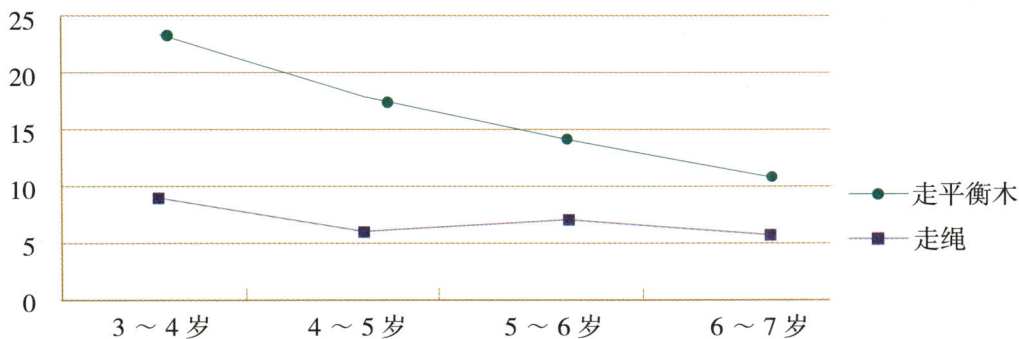

（单位：秒）

图5-5 3～7岁男童走平衡木与走绳之间的发展差异图

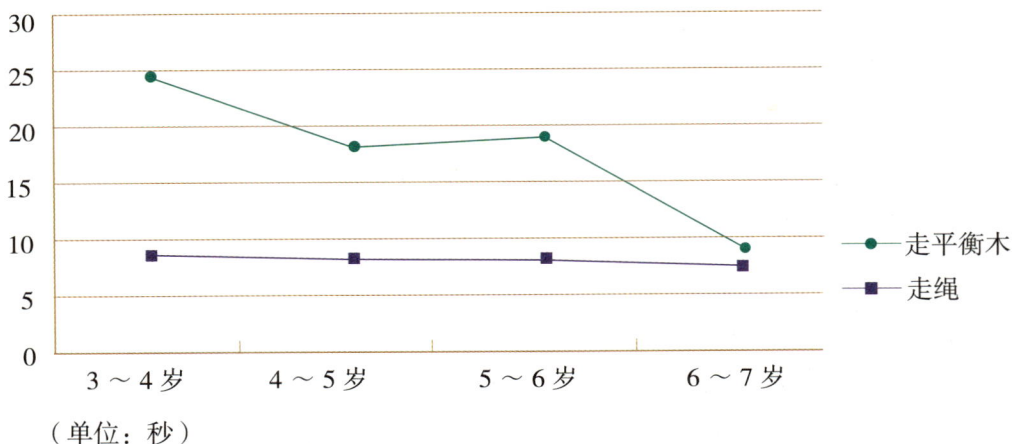

（单位：秒）

图 5-6　3～7 岁女童走平衡木与走绳之间的发展差异图

通过表 5-10、图 5-5 和图 5-6，我们可以发现，3～7 岁儿童在支撑面大但是距地面比较高的活动中用时比在支撑面小却相对来说比较安全的活动中用时多。这说明距地面的高度对儿童的动作影响较大。随着年龄的增长，男童走平衡木的用时逐渐缩短，而女童在 5～6 岁时出现了一个逆转，这从侧面也提醒我们在教学或者日常生活中，注意在这一时间段做好工作，多多提供机会让她们进行锻炼，提高其平衡能力。此外，男童在走绳这一项测试中，用时基本呈缩短趋势，5～6 岁时出现了一个逆转；而女童在走绳这一项测试中，不同年龄阶段的用时变化不大。

（三）总结阶段

得出评价结论后，评价者要撰写书面评价报告。评价报告的结构大致包括封面、评价概述、评价背景、评价过程描述、结果及分析、结论及建议等部分。

典型案例

托幼园所进餐环境创设评价

1. 明确评价目的

《幼儿园教育指导纲要（试行）》指出："幼儿园必须把保护幼儿的生命和促进幼儿的健康放在工作的首位。"可见，保护婴幼儿的生命，维护婴幼儿的健康水平是幼教工作者神圣的职责。

婴幼儿进餐应在保证每日营养供给的同时，在快乐中进行。良好的进餐环境是一种"精神营养"，是婴幼儿健康成长的催化剂。因此，应为婴幼儿创设良好的进餐环境。

2. 确定评价对象

托幼园所进餐环境。

3. 确定评价指标和标准

评价对象	评价内容	评价指标	评价等级		
			良好（5分）	一般（3分）	较差（1分）
托幼园所进餐环境	物理环境	无噪声			
		室温适宜			
		环境整洁、安全			
		空间得当、舒适			
		餐桌椅适宜			
		餐具适宜、富有童趣			
		无其他分散婴幼儿注意力的事物			
		音乐舒缓、适宜			
	精神环境	组织进餐前能营造宽松、舒适的氛围			
		进餐前注意激发婴幼儿食欲			
		进餐时教师的态度、言行得当			
		进餐时能做到照顾个别差异			
		进餐后组织舒缓的活动			

4. 选择合适的评价方法

观察法、谈话法。

5. 收集、整理评价信息

收集不同评价者对各班进餐环境创设的评价量表，计算得分，横向对比各班环境创设的优劣，同时可对每一具体指标进行对比，找出目前进餐环境创设中较为薄弱的环节。

6. 总结、反馈

对数据进行整理分析，形成文字评价，并将评价结果和建议反馈至托幼园所及各班级。托幼园所及各班级根据反馈进行整改。

学习笔记

实践与运用 ▶▶▶

请根据托幼园所环境创设评价步骤和所给示例，小组合作设计一份区角环境创设评价量表并实施评价。

学习效果检测

云测试

一、单项选择题

1. 托幼园所环境创设评价的最终目的是（   ）。

A. 促进发展　　　　B. 评选　　　　　　C. 学习　　　　　　D. 对教师进行评价

2. 托幼园所环境创设评价应考虑不同地区、不同条件园所的实际情况，做到因地制宜，这体现了托幼园所环境创设评价的（   ）原则。

A. 全面性　　　　　B. 主体性　　　　　C. 可行性　　　　　D. 发展性

3. 环境创设评价方案中最关键的工作是（   ）。

A. 明确评价目的　　B. 确定评价对象　　C. 选择评价方法　　D. 制定评价指标与标准

4. 托幼园所环境创设评价要严格按照环境创设评价的过程要求，依据评价的原则进行。这体现的是托幼园所环境创设评价的（   ）原则。

A. 科学性　　　　　B. 主体性　　　　　C. 可行性　　　　　D. 发展性

5. 托幼园所环境创设评价时既要考虑评价内容，包括物质环境、精神环境和合作共育环境等；也要考虑评价方法，包括现场观摩、查阅资料、座谈了解等；还要考虑评价主体，包括管理者、教师、婴幼儿及其家长等。这体现的是托幼园所环境创设的（   ）原则。

A. 全面性　　　　　B. 主体性　　　　　C. 可行性　　　　　D. 发展性

二、简答题

1. 简述托幼园所环境创设评价的原则。

2. 简述托幼园所环境创设评价的过程。

学习评价与反思

主要参考文献

［1］袁爱玲，廖莉.幼儿园环境创设：理论与实操［M］.上海：华东师范大学出版社，2017.

［2］王道俊，郭文安.教育学［M］.北京：人民教育出版社，2009.

［3］郭殷，黄敏，李文治.0—3岁儿童教养环境创设［M］.上海：上海交通大学出版社，2021.

［4］琳达·杜威尔－沃森.婴儿和学步儿的课程与教学［M］.5版.北京：人民教育出版社，2009.

［5］肖素芬，丁玲.婴儿艺术教育指导活动设计与组织［M］.北京：科学出版社，2015.

［6］陈鹤琴.陈鹤琴教育思想读本：幼稚教育［M］.南京：南京师范大学出版社，2012.

［7］余清逸.实用语文知识词典［M］.南京：南京大学出版社，1988.

［8］沈建洲.幼儿园教育环境创设［M］.上海：复旦大学出版社，2014.

［9］赵玉文.幼儿园环境创设［M］.上海：上海交通大学出版社，2018.

［10］杨彦.幼儿园环境创设［M］.北京：北京师范大学出版社，2014.

［11］张奇.儿童审美心理发展与教育［M］.北京：北京师范大学出版社，2000.

［12］叶朗.现代美学体系［M］.北京：北京大学出版社，1999.

［13］阮素莲.幼儿园课程概论［M］.北京：高等教育出版社，2014.

［14］王冰.幼儿园环境创设［M］.长沙：湖南师范大学出版社，2019.

［15］郭力平，吴龙英.早期教育环境创设［M］.上海：华东师范大学出版社，2019.

［16］康松玲，许晨宇.0～3岁婴幼儿抚育与教育［M］.2版.北京：北京师范大学出版社，2021.

［17］朱莉·布拉德.0—8岁儿童学习环境创设［M］.南京：南京师范大学出版社，2014.

［18］高秀苹.生态系统理论的创始人——布朗芬布伦纳［J］.大众心理学，2005（5）.

［19］李放，马洪旭.中国共产党百年托幼服务供给研究：变迁历程、演进逻辑与未

来展望［J］.社会保障研究，2021（5）.

［20］李雨霏，马文舒，王玲艳.1949年以来中国0－3岁托育机构发展变迁论析［J］.教育发展研究，2019（24）.

［21］秦元东.为儿童创设良好的环境——论陈鹤琴关于幼稚园环境创设的思想［J］.学前教育研究，2002（6）.

［22］姚利民.中外教育家论教育环境［J］.湖南大学社会科学学报，1993（1）.

［23］张剑春，刘雄英，陈欣悦，等.学前教育专业育人"活环境"创设研究——基于陈鹤琴学前儿童环境教育理论的实践［J］.陕西学前师范学院学报.2021（5）.

［24］杨伟鹏，霍力岩.生态学视野下的幼儿园环境创设——对三种课程模式环境创设的比较及借鉴［J］.幼儿教育（教育科学），2013（4）.

［25］付红珍.环境心理学在幼儿园环境创设中的应用［J］.长春教育学院学报，2013（3）.

［26］章进.学习的回归——建构主义视域下的幼儿园活动区环境创设研究［D］.重庆：西南大学，2012.